“认识保险”丛书

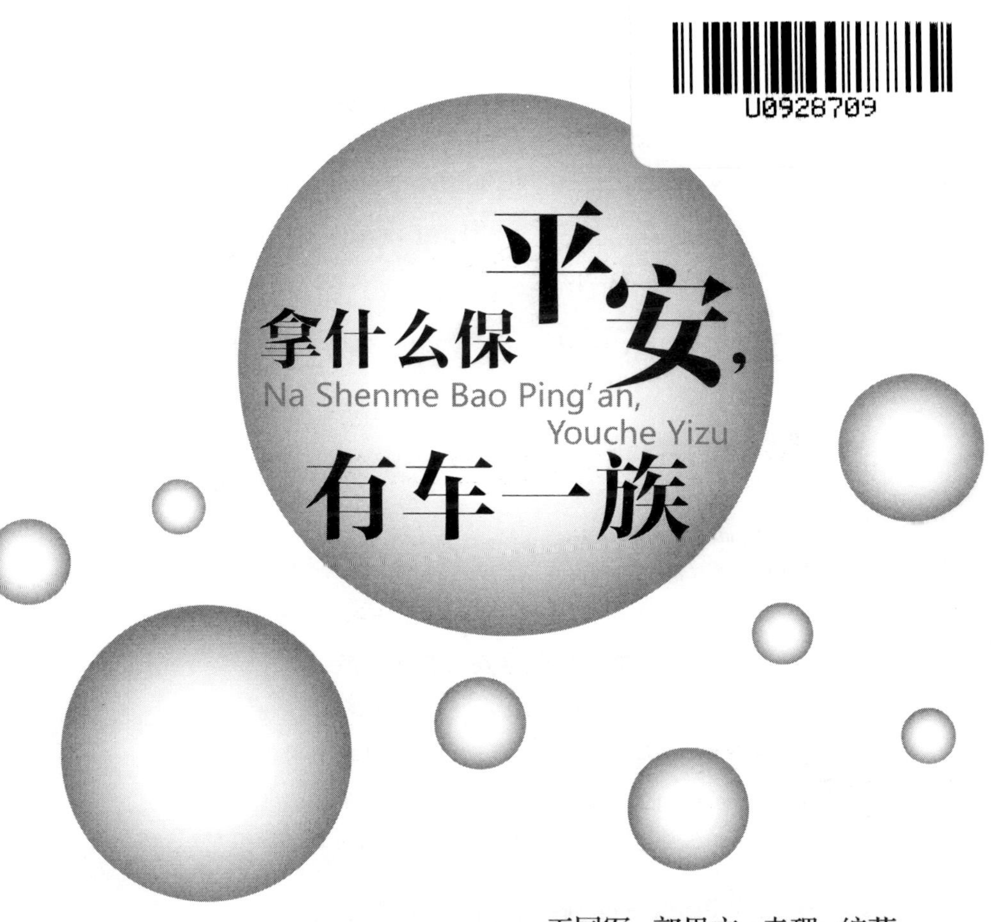

王国军 郭思文 袁理 编著

经济科学出版社
Economic Science Press

图书在版编目（CIP）数据

拿什么保平安，有车一族 / 王国军 等编著. — 北京 ：经济科学出版社，2014. 1

（“认识保险”丛书）

ISBN 978 – 7 – 5141 – 3678 – 4

I. ①拿··· II. ①王··· III. ①汽车保险 – 中国 – 通俗读物 IV. ①F842.63–49

中国版本图书馆CIP数据核字（2013）第179377号

责任编辑：赵 蕾
责任校对：徐领柱
版式设计：任 月
责任印制：李 鹏

拿什么保平安，有车一族

王国军 郭思文 袁 理 编著

经济科学出版社出版、发行 新华书店经销

社址：北京市海淀区阜城路甲28号 邮编：100142

总编部电话：88191217 发行部电话：88191540

网址：www.esp.com.cn

电子邮件：jjlll435 @ 126. com

天猫网店：经济科学出版社舰店

网址：http // jjkxcbs.tmall.com

北京季蜂印刷有限公司印装

880×1230 32开 4.5印张 100000字

2014年1月第1版 2014年1月第1次印刷

ISBN 978 – 7 – 5141 – 3678 – 4 定价：16.00元

（图书出现印装问题，本社负责调换。电话：88191502）

总 序

在当代社会，没有人能够完全远离保险。社保账户的提醒，购房资格的认定，工资卡上的扣费，看病时的报销，养老金的发放，媒体关于社保的激烈争论，豪华楼宇上保险公司的招牌，不胜其烦的推销电话……我们仿佛置身于一个保险的世界。不管我们愿不愿意，保险时刻出现在我们身边，令我们无处遁逃。实际上，无论是社会保险，还是商业保险，都已经悄然构成我们日常生活的一部分。喜欢也好，抵触也罢，它就在那里，它关系到我们的生老病死，关系到我们的衣食住行，关系到我们的现在和未来。对于保险这样的一种存在，我们既然无法摆脱它，唯一可行的办法就是了解它，接受它，掌握它，让它为我们所用。

保险是一项好的制度。从诞生之日，保险就是人与人之间的一种互助机制。投保人通过缴纳其经济承受能力之内的少量保费，将自己不愿承担的风险和未来可能发生的大额损失转嫁给保险公司，从而获得安全感并使得受益人在损失发生后免于陷入经济困境；保险公司则利用精算技术，计算出未来发生保险事故的概率和损失的大小，用未来的损失支出加上保险公司的利润、税金和经营费用，得出保单的价格，从而使保险公司收取的保险费和未来的支出大体相抵。在保险交易中，保险公司利用群体损失概率的稳定性和可测性化解个人损失的不确定性，利用风险汇聚，降低风险，达到“千家万户保一家”、“平时投入一滴水，难时拥有太平洋”的经济效果。

保险制度是非常精巧的，也被称为“人类文明之花”。它利用自然界大数法则的原理，将各种风险集中起来，再在更广泛的时间和空间分散开去，形成分散风险、经济补偿、风险管理和资金融通四大功能，成为当代市场经济不可或缺的重要组成部分。

作为一种兼具公平与效率优势的社会互助制度，保险应该有非常好的声誉，保险业也应该具有良好的行业形象。然而在现实中的中国保险市场，情况却大相径庭，社会大众和保险公司之间充满着令人沮丧的误解、抱怨、偏见乃至仇视，既妨碍了保险制度充分发挥其功能，有效地为社会大众转移和分散风险，在老百姓的家庭理财中发挥其无可替代的重要作用，也使保险市场的交易成本增加，道德风险频繁发生，逆向选择不易控制，最终阻碍了保险市场的健康发展。

如何使保险市场变得和谐融洽？我们认为一个首要的任务是科学的保险知识的普及。

知识普及可以改变市场乱象的例子俯拾皆是，比如装修市场就是一个鲜活的案例。上个世纪90年代，装修市场的投诉曾多年稳居消费者投诉的榜首。装修市场的混乱令每个装修房子的业主不堪其扰。当时流行一句话，“假如你恨一个人，就叫他去装修吧”。装修市场的混乱带给人们的不仅仅是经济上的损失，更是精神上的折磨。感到受骗了的消费者对装修知识的渴求引发了装修信息和知识的爆炸式增长。借助网络的力量，中国的老百姓迅速完成了装修知识的普及，百度搜索关键词“装修”，相关网页过亿。搜索关键词“装修网”，网页数量超过6300万个。当当网图书一项中，输入“装修”，相关图书为1700余种。如今，关于装修的投诉已经逐渐淡出了“3·15”消费投诉排行，老百姓从最初的担心装饰装修的材料质量逐渐转变为关注装修的整体风格和色彩等审美层面的问题。这种转变，很大程度上来源于消费者装修知识的普及。我的研究生韩海丽对近几年消协投诉情况的研究发现，关于装修的装饰材料一项，在2009年投诉量还名列商品和服务投诉排行榜中的第八位，到2010年就已退居第十，2011年之后已经不见其踪影。

当消费者了解了装修的基本知识，大致知道了不同装修材料的质量和价格之后，商家再希望像以前那样误导欺骗消费者已经非常困难，即使短期蒙混过去，也多数会被追讨，陷入更大的被动。所以商家的选择就只剩下了“诚信”，越是诚信的商家在这个市场中就越能获得较高的利润并能持续经营，不诚信的商家很快就被市场淘汰掉了。

保险市场和装修市场非常相似，买卖双方都有着非常强烈的信息不对称，欺骗和误导非常容易发生，但与装修市场不同的是，保险知识的普及远比装修知识的普及困难。人们装修过一套房子之后，再装修第二套房子的时候，基本上已经是装修方面的专家了，但保险不行，有的人买了十多年的车险，但对车险的知识还是所知甚少。

保险知识是复杂的，无论是产品的设计、价格制定，还是保单的销售和理赔，保险都要比同属金融行业的银行、证券、信托和基金业务复杂。比如，保险产品的设计和定价需要专门的精算师，在任何一个国家，精算师的薪酬都遥遥领先，这反映了保险产品设计和定价的复杂程度；再比如，如果一个销售人员能将保险公司的保单销售出去，那他卖其他东西都不会太困难。而在理赔方面，保险公司要应对各行各业各种各样的风险事故的发生和索赔，只有确定了损失原因及程度、数额，才能做好理赔工作，这涉及保险公司所承保的所有行业和各种细节，因此保险公司需要大量的专才和通才。

保险的复杂性决定了保险知识普及的不易。为了普及保险知识，早在1999年，外文出版社就出版过我写的一本《你为幸福保险了吗？》，十年之后的2009年，北京大学出版社又出版了我写的一套三本的保险科普丛书——《你为人生保险了吗？》、《你为员工保险了吗？》和《你为汽车保险了吗？》，这些书以探案故事的形式讲解保险知识，使读者能够在轻松愉悦的阅读中了解必要的保险知识，取得了较好的社会反响，对保险知识的普及起到了一定的推动作用。

2012年，经济科学出版社计划出版“认识保险”丛书，并选定了健康、养老、汽车和员工福利四个方面，让我们来继续普及保险知识。这一次的写作风格和以前相比发生了较大变化，不再是通过讲故事，而是直接对保险知识进行介绍。这种写法不是我最擅长的，因此我们组成了四个写作小组来共同完成这套丛书。经过近两年的努力，这套丛书终于呈现在读者的面前，等待着市场的检验。

感谢经济科学出版社给了我们这次机会。感谢齐伟娜编辑辛勤而细致的工作，这本书耗费了她大量的时间和心血，其敬业精神和职业素养令人印象深刻。感谢丛书编写过程中我们所参考的众多文献的作者，这套由我们编写而非原创的丛书实际上是众人智慧的结晶。

王国军

2013年10月

目 录

CONTENTS

目 录

CONTENTS

目 录

CONTENTS

目 录

CONTENTS

目 录

CONTENTS

第1章

汽车的前世今生

1.1 汽车的定义

《辞海》中对汽车的定义是，“汽车是一种能自行驱动，主要供运输用的无轨车辆。原称‘自动车’，因多装用汽油机，故简称汽车。”《现代汉语词典》则将汽车定义为“汽车是用内燃机做动力，主要在公路或马路上行驶的交通工具，通常有四个或四个以上的橡胶轮胎。用来运载人或货物。”

美国汽车工程师学会对汽车的定义是，“由本身动力驱动，装有驾驶装置，能在固定轨道以外的道路或地域上运送客货或牵引车辆的车辆。”汽车按总体结构分为单车和列车。单车是基本形式，常用4×2、6×4、4×4和6×6等符号表示驱动特点，前一个数字代表车轮总数（双胎并装仍算一个车轮），后一个数字表示驱动轮数，如所有车轮均为驱动轮即称为全轮驱动汽车。列车是由牵引车或单车拖带挂车或半挂车组成。汽车按用途一般可分为轿车、客车、载货汽车（俗称卡车）、越野汽车、牵引汽车、自卸汽车、专用汽车、半挂车和专用半挂车。

按照国家最新标准GB/T3730.1—2001，对汽车的定义为，“由动力驱动，具有四个或四个以上车轮的非轨道承载的车辆，主要用于载运人员和（或）货物、牵引载运人员和（或）货物及其他特殊用途”。该术语还包括：（1）与电力线相连的车辆，如无轨电车；（2）整车整备质量超过400千克的三轮车。

国家最新标准GB/T3730.1—2001将汽车分为乘用车和商用车。乘用车指设计和技术特性上主要用于载运乘客及其随身行李和（或）临时物品的汽车。包括驾驶员座位在内最多不超过9个座位，分为普通乘用车、活顶乘用车、高级乘用车、小型乘用车、敞篷车、仓背乘用车、旅行车、多用途乘用车、短头乘用车、越野乘用车和专用乘用车11类。商用车指设计和技术特性上用于运送人员和货物的汽车，并且可以牵引挂车。商用车分为客车、货车和半挂牵引车3类；客车细分为小型客车、城市客车、长途客车、旅游客车、铰接客车、无轨客车、越野客车和专用客车8类；货车细分为普通货车、多用途货车、全挂牵引车、越野货车、专用作业车和专用货车6类。

1.2 汽车的发展

从1885年卡尔·本茨创造出世界上第一辆汽车至今，一百多年的时间里，汽车工业发生了翻天覆地的变化，出现了流水线生产、前轮驱动汽车诞生、迷你车型面世等一系列重大变革，汽车已然成为人们日常生活中不可分割的一部分。

1.2.1 汽车的诞生

18世纪，瓦特发明了蒸汽机，为蒸汽机车的诞生奠定了基础。1769年，法国人N·J·居纽制造出了世界上第一辆以蒸汽机为动力的三轮车，这辆蒸汽机车的车身是木制的，用三个车轮支撑着，其主要用途是牵引火炮。车的前部有锅炉，锅炉后部有两个汽缸，锅炉产生的蒸汽进入汽缸，进而推动两个活塞运动，活塞运动产生的动力被传送到前轮，再由前轮带动整车行驶。18世纪末期，欧洲和美国制造出了具有运载物资、运送人员等用途的蒸汽机车，19世纪中期，蒸汽机车进入全盛时代。蒸汽机车的动力源来自外燃机，而现代汽车以内燃机为动力源，这也是与现代汽车的最大区别。从蒸汽车的特征来看，其依靠自身驱动，不依靠轨道和架线，装有车轮，并能在道路上行驶，已经具备了汽车的基本属性。

1885年，德国工程师卡尔·弗里特立奇·本茨制造出了世界上第一辆以内燃机作为动力的汽车，取名“奔驰一号车”。这辆车有三个车轮，前面一个小轮，后面两个大轮；两后轮之间有一台单缸四行程汽油发动机，发动机产生的动力传输到后轴，然后依靠操纵杆控制汽车的行驶方向。这辆车主要用于人员乘坐，并具备了现代汽车的基本特点，如火花点火、水冷循环、钢管车架、钢板弹簧悬架、后轮驱动前轮转向和制动手把等，是真正意义上的现代汽车。1886年1月29日，卡尔·本茨取得了这辆单缸三轮汽车的德意志专利权，专利号为37435a，这一天也被大多数人认定为是第一辆汽车的诞生日，而卡尔·本茨被认定为现代汽车的发明者，被尊称为“汽车之父”。

1.2.2 汽车流水线的出现

1913年，美国著名企业家亨利·福特先生的福特汽车公司开发出了世界上第一条流水线，至此进入了汽车批量生产的时代，福特先生也因此被誉为“为世界装上轮子的人”。

福特流水线出现之前，汽车完全依靠手工打造，而打造一辆汽车需要花费大约728个人工小时，因此汽车的年产量在当时只有12辆左右，汽车成为真正意义上的奢侈品，只有极有财富和地位的人才能拥有汽车。福特汽车出现后，汽车开始进入千家万户，成为大众化的交通工具，让人们真正领略了汽车这种现代代步工具的优越性，并享受到其带来的便捷。汽车能被广大民众消费得起的关键是低廉的价格，这对追求利润的企业而言就必然要求降低汽车的生产成本，于是福特想到了流水线生产。流水线生产通过提高生产速度和生产效率的方法降低了生产成本，从而进行标准化、批量化的汽车生产。福特汽车的生产流程为“用冲床将钢板压成车的外壳—车体倒转进行焊接—加装车门及车盖—除去钢板的毛边与暗号—防锈处理及车体喷漆—装配大梁、防震、传动以及引擎—内部装潢—加装散热器（水箱）、油压系统、燃料系统以及车轮—试验—出厂”。在福特流水线中，每辆T型汽车的组装时间由12小时28分钟缩短到10秒钟，生产效率提高了4488倍，汽车的价格降至每辆260美元！

1.2.3 前轮驱动汽车的诞生

1928年，英国生产的阿尔维斯牌汽车上最先运用了前轮驱动。1934年，雪铁龙7A问世，代表了前轮驱动在汽车上的成功运用，预示着前轮驱动汽车时代将要来临。它将无底盘的车身结构、液压制动、靠扭杆单轮减震集于一身，并采用中置引擎、前轮驱动，即发动机只驱动一对前轮。前轮驱动系统在今天仍然被广泛应用，大部分轿车都采用前轮驱动。

前轮驱动的优点主要体现在六方面：第一，前轮驱动汽车没有驾驶舱下面的驱动轴，也没有后桥壳，从而因为零部件的减少使得汽车的成本降低；第二，零部件的减少减轻了整车的重量，因此能够提高整车的加速性、制动性和燃油经济性；第三，设计者在前轮驱动汽车上能够更方便地在汽车底部安装制动系统、燃油供给系统和排气系统；第四，前轮驱动汽车的驱动轮由于承受着发动机和驱动桥的重量，增加了其附着力；第五，由于动力系统位于汽车前部的发动机舱中，省去了驱动轴和后差动器，因此能够拥有更大的室内空间；第六，由于动力系统集中，可以将动力系统组装成一个整体后再安装到汽车上，从而提高了安装的效率。

前轮驱动也存在一些缺点，比如，车的重心较后轮驱动车更偏离车体的中间，从而可能导致转向不足；又由于驱动轮距离整车的质量中心较远，前轮驱动车的拖力要比类似的后轮驱动车或四轮驱动车小。

1.2.4 第一辆微型汽车面世

19世纪50年代，第二次中东战争导致英国石油供应紧张，汽车生产商开始致力于开发省油经济型车型。1959年，由英国罗孚汽车公司设计的“迷你（Mini）”轿车面世，引发了汽车工业的又一场革命。

这种“迷你”型汽车突破了传统的观念，采取发动机前轮驱动，并将变速器装在发动机下面，在提高性能的同时大大节省了空间。在众多赛车比赛中，“迷你”汽车摘下桂冠，在此之后这款小巧灵活的汽车越来越受到人们的喜爱，一时间名声大振。1961年，罗孚公司推出“Mini Cooper”车型，被视为经典车型。1994年，德国宝马公司从罗孚手中收购了“迷你”汽车的经营权；2000年，宝马公司将大部分老款“迷你”车型停产，但是仍然保留了“Mini Cooper”车型。

1.3 世界著名的汽车公司

奔驰汽车公司是德国销售额排名第一的汽车公司，其前身是

1886年成立的奔驰汽车厂和戴姆勒汽车厂，1926年两厂合并为戴姆勒—奔驰汽车公司，简称奔驰汽车公司，到1936年所有产品统一命名为梅赛德斯—奔驰汽车。1946年开始，奔驰汽车公司以轿车生产为主，逐渐巩固其世界主要高档轿车生产厂商的地位。

福特汽车公司于1901年成立于美国底特律，以生产汽车为主，业务范围还涉及电子、航空、钢铁和军工等领域，流水线的应用使福特公司在1911～1927年一度成为世界头号汽车公司。

通用汽车公司于1908年在别克汽车公司的基础上发展起来，成立于美国的汽车城底特律，在汽车行业一直保持领先地位，2008年之前是世界上最大的汽车公司，通用汽车公司同时涉足航空航天、电子通信、工业自动化和金融等领域。

宝马汽车公司是世界知名的高档汽车和摩托车制造商，创始于1916年，总部位于德国慕尼黑，早期主要致力于飞机发动机的研发和生产，1928年，宝马公司收购了埃森那赫汽车厂，从此开始汽车生产。之后，宝马公司不断带给人们惊喜，将一件又一件杰作推向市场，铸就了其不菲声誉，奠定了世界高端汽车品牌的地位。

丰田汽车公司创立于1933年，总部设在日本爱知县丰田市和东京都文京区，隶属于日本三井财阀。丰田汽车公司是世界十大汽车工业公司之一，也是日本最大的汽车制造商。自2008年开始，丰田汽车公司逐渐取代通用汽车公司，成为世界排名第一的汽车生产厂商。丰田财团旗下拥有5家世界500强企业，分别是丰田汽车、丰田自动织机、丰田通商、爱信精机、日本电装，产业链覆盖从上游原料到下游物流的所有环节。

奥迪是德国历史最悠久的汽车制造商之一，世界著名的汽车开发商和制造商，总部设在德国英戈尔施塔特。奥迪汽车的标志为四环，象征着奥迪、小奇迹、霍希和漫游者合并成的汽车联盟公司。

奥迪汽车以其优越的性能著称，目前我国大部分公务用车都选择奥迪牌轿车。

1.4 汽车在中国的发展

1901年，匈牙利人李恩时将两辆汽车带入上海，一辆是凉篷式汽车，一辆是折叠式软篷车，这是首次在中国土地上出现的汽车，也是中国最早的进口汽车。1928年，在张学良将军的支持下，沈阳北大营军工厂聘请美国技师指导，成功仿造了美国万国牌载重汽车，这是中国对制造汽车的初次尝试。1936年，中国政府计划与德国奔驰公司合作，成立官办“中国汽车制造公司”，但由于翌年抗日战争爆发，这项计划不得不被搁置下来。直到新中国成立后，中国汽车产业才得以发展，并经过几十年的努力，取得了巨大的成就。

1.4.1 中国汽车业的创建阶段（1953～1958年）

1953年，长春第一汽车制造厂奠基；1956年，第一汽车制造厂生产出第一台“解放牌”汽车；1958年，第一汽车制造厂年产汽车16000辆。这一阶段，汽车的生产主要是在苏联的援助下进行的，汽车组装流程由苏联设计，主要生产设备由苏联提供，汽车制造厂的厂房设计也由苏联承担。

1.4.2 中国汽车业的发展阶段（1958～1984年）

1958年，中苏关系恶化，苏联撤走了在中国的所有援助，中国汽车产业由此进入了自力更生的时期。

该阶段，全国各地成立了几个较有规模的汽车制造厂，除长春第一汽车制造厂外，还有南京汽车制造厂、北京汽车制造厂等。1958年，北京汽车制造厂研制了由中国人独立设计、制造的第一辆轿车，起名“井冈山牌”，开进了中南海。

1964年，中国开始筹建第二汽车制造厂，选址于湖北省西北部山区（现在的十堰市）。第二汽车制造厂从1966年开始动工，建设期间经历了“文化大革命”，从1978年开始正式投入生产，主要产品是“东风牌”载货汽车。第二汽车制造厂的工艺流程和厂房设计都是中国人自己完成的，98%的生产设备使用国产设备。20世纪80年代中期，第二汽车制造厂达到年产中型载货汽车10万辆以上的规模，成为国内生产规模最大的汽车企业。

1.4.3 中国汽车业的对外开放阶段（1984年至今）

20世纪80年代中期，中央决定建立现代轿车工业。1984年，北京汽车工业公司与克莱斯勒公司在中国共同投资了一家汽车制造公司，这是我国第一家汽车合资公司，从此，中国市场上出现了一大批合资公司。国内汽车公司通过引进技术、合资经营，不断摸索对外合作、合资的经验，使中国汽车工业水平有了较大提高。

1994年，《汽车工业产业政策》发布，这是我国第一部指导汽车工业的规范性文件。进入21世纪以来，中国汽车业既面对着良好的发展机遇，又面临着严峻挑战，2004年6月1日，国家发展与改革委员会正式颁布实施《汽车产业发展政策》，该政策的执行有力地推动汽车产业发展成为我国国民经济的支柱产业。2011年9月3日，工业和信息化部副部长苏波在天津举行的“2011年中国汽车产业发展国际论坛”上表示，2010年国产汽车产量达到1826万辆，占全球汽车产量的23.5%，我国成为世界第一大汽车生产国。据工信部统计，2010年，我国汽车产业实现工业总产值4.34万亿元，占国民经

济总产值的6.13%；直接相关产业的从业人员超过4000万人，占全国城镇就业人数的12%以上；汽车行业实现税收9500亿元，占全国税收的13%。充分证明汽车产业已经成为我国国民经济重要的支柱产业。

近年来，我国不断加强自主知识产权意识，积极发展自主汽车品牌，商用车自主品牌包括北汽福田、东风、一汽、江淮、金杯股份、重汽、长安有限、江铃、南汽、陕汽等；轿车自主品牌包括夏利、QQ、福美来、旗云、F3、骏捷、自由舰、A520、奔奔和吉利金刚等；SUV①自主品牌包括哈弗、瑞虎；MPV②自主品牌包括瑞风和风行。总体来看，我国自主品牌汽车市场的占有率不断提高，且总量保持稳定增长。华展、奇瑞、力帆、吉利等自主品牌厂家纷纷开拓海外生产基地，先后在朝鲜、伊朗、俄罗斯、乌克兰等地设立海外工厂。

1.5 汽车市场的现状

目前，汽车市场总体而言具有三个特点，即寡头垄断、政府参与和跨国生产。

首先，汽车行业经过激烈竞争，形成寡头垄断的市场结构。厂商为了降低成本，纷纷进行兼并、整合，从而形成规模经济：小企业被大企业吞并，生产模式落后、销量低、利润少的汽车企业逐渐淡出市场，取而代之的是生产模式新颖、产量高、规模大的汽车企业。奔驰与克莱斯勒合并，宝马收购维克斯集团旗下的劳斯莱斯，

---

①SUV是Sport Utility Vehicle的缩写，指运动型多用途汽车，在一定程度上既有轿车的舒适性又有越野车的能力。

②MPV是Multi-Purpose Vehicle的缩写，指多用途汽车，集旅行车宽大乘员空间、轿车的舒适性、和厢式货车的功能于一身。

都是为了达到规模经济的目的。国际汽车行业对规模经济的普遍标准是汽车企业的小轿车年产量达100万辆以上，汽车总产量在150万辆以上；对于发展中国家，要求有所放宽，标准是汽车企业年产小轿车40万辆以上，汽车总产量在150万辆以上。由于日趋激烈的汽车市场竞争，能够达到这个标准的企业变得越来越少。作为对策，汽车企业选择以轿车为主导产品，同时生产包括客车、货车、轿车、牵引车、越野车在内的各种型号汽车的生产模式，这种生产模式又叫全能型生产。选择轿车作为汽车行业的主导产品是因为轿车的生产产业链较长，且本身制造工艺水平较高，能够代表一个国家工业发展的总体水平，轿车的保有量甚至能够达到一国总的汽车保有量的60%以上。

其次，政府通过出台政策法规，对汽车市场进行宏观调控。汽车行业作为一国国民经济的支柱产业，总是受到政府的额外关注，政府想方设法参与到汽车市场中，引导汽车行业有序推进，实现可持续发展。例如，2006年3月21日，国务院公布了《机动车交通事故责任强制保险条例》（以下简称《条例》），从而更好地保障机动车道路交通事故受害人依法得到赔偿，促进道路交通安全，2012年3月30日，国务院又对《条例》作出修订，加强了对事故受害人的保护；2012年3月14日，中国保险行业协会正式发布《机动车辆商业保险示范条款》，重新对车险市场作出规范，重点在于界定各种车险矛盾，避免商业保险公司的车险产品参差不齐、乱象丛生，给消费者带来困扰。

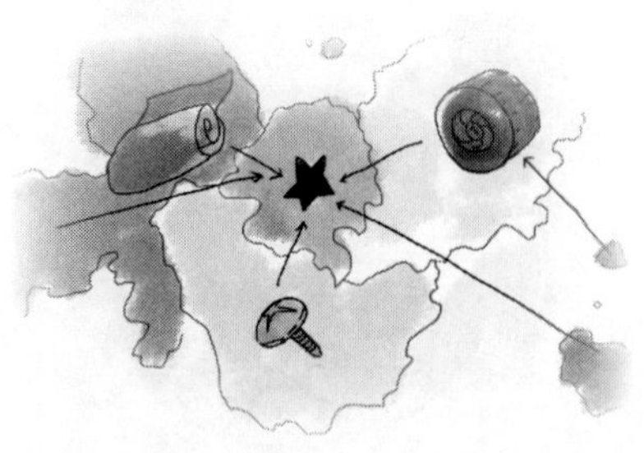

最后，汽车行业的产业链长，通常需要跨国性生产。一辆汽车的生产与很多零部件关联，对于这些零部件，汽车企业通常是从外部购入的，

再进行整合组装。在国际贸易的背景下，全球性资源整合的结果是，具有资源优势的国家生产以该资源为主要原料的产品，因此各个汽车零部件通常是在不同的国家生产，这就要求汽车企业与不同国家的零部件生产厂家建立联系，建立跨国性的生产体系。

1.6 汽车工业的未来发展趋势

汽车工业的发展是一把“双刃剑”，在为人们出行、交通运输带来便利的同时也制造了一系列的问题，比如大气污染、能源耗费、交通事故等。未来，汽车发展的总趋势是设计更加美观、经济、安全的汽车，在满足人们日益增长的需求的同时，尽量减小汽车的负面影响。

首先，未来汽车将逐渐摒弃煤、石油等传统能源，使用更加节能环保的新型能源。伴随着经济的飞速发展，煤炭、石油等资源被大量开采，已出现严重短缺，能源枯竭是人们不得不面对的问题。设计、创造出新能源汽车是目前汽车领域的主要研究方向，新能源汽车主要包括电动汽车、氢能源汽车和太阳能汽车。

电动汽车顾名思义就是以电力作为主要动力，电动汽车通过安装能够快速充电的大容量电池，然后以电力驱动汽车行驶。电动汽车具有能量利用率高、污染少、噪声小，电力可以从多种一次性能源获得等优点。目前已经生产出很多电动汽车，并投入市场，很多大城市已经在道路上设置了电动汽车的充电点，可见政府鼓励人们使用新型环保的电动汽车，事实上确实有越来越多的消费者选择电动汽车。但是如今的电动汽车也存在一些问题，如以电力驱动汽车的动力较小，因此电动汽车的车型较小，载重量有限，且速度慢，不能在高速公路上行驶。随着大容量电池的发明和快速充电技术的革新，这些问题将在不久的将来被一一攻克。氢能源汽车也是未来新能源汽车的一种，氢能源燃烧后只生成水，因此不会产生污染，非常清洁；且氢能源燃烧放出的能量是所有元素中最大的，与同质量的汽油相比，氢气燃烧放出的能量是汽油的5倍。但是氢气爆炸的威力非常巨大，因此使用氢气作为燃料对汽车的安全性能提出了很高的要求。第三类新能源汽车是太阳能汽车，这种车依靠太阳能电池板储备和提供太阳能，即使在阴天和雨天也能为汽车提供能源。太阳能已经被广泛应用于其他产业，随着太阳能技术的不断成熟，太阳能汽车也会在不久的将来进入人们的视野，成为新能源汽车中的一员。

2007年11月1日，国家发改委发布的《新能源汽车生产准入管理规则》正式实施，标志着我国将着重关注新能源汽车的开发。目前，全国建立了4个电动汽车示范城市及6个相应的关键零部件测试基地，共有60多种自主研发的电动汽车在试验运行，且已有8个混合动力汽车进入国家机动车产品公告。电动汽车是最先投入使用的新能源汽车，为其他新能源汽车进入市场打了前锋。

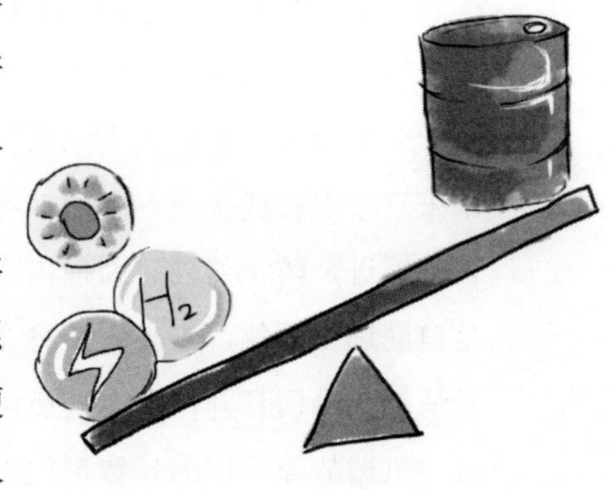

其次，未来汽车的安全性能将更高。汽车与人们的日常生活关系紧密，汽车在为我们的生活带来便捷的同时，交通事故的频发也给人

们敲响了警钟，交通安全成为人们越来越关注的话题。据联合国世界交通委员会的数据显示，全球每年因车祸造成的人员伤亡超过第一次世界大战的伤亡人数。欧盟组织在一项法案中规定，2010年之后出厂的所有汽车，必须配备ABS和EBD系统，小型家用汽车必须配备主安全气囊和侧安全气囊。提高汽车的安全性能是未来汽车发展的必然要求，而安全性能的提升主要包括主动安全和被动安全两个方面。

主动安全主要包括制动、防撞和机械监测，未来汽车通过轮胎和碟刹制式刹车系统的不断升级，能够保证在100公里的时速下，将制动距离限制在20米以内。同时借助电子制动力分配装置（EBD）、加速防滑控制系统（ASR）、制动辅助系统（BAS）、电控行驶平稳系统（ESP）、汽车制动防抱死系统（ABS）等辅助系统，能够防止汽车在雨天或雪地发生侧滑；未来的汽车上将普遍安装碟刹系统和新型“驻地式”轮胎，保障汽车的制动性能。电子化、智能化也是未来汽车工业技术革命的潮流，智能测距系统通过对车速和车距的即时监控，在车距较小、车速较快时，及时提醒驾驶员，能够有效预防汽车发生碰撞；智能机械监测系统将对汽车的各个部位进行即时扫描和性能监测，当汽车的某个部位出现异常时会发出警报，提醒车主防患于未然。

被动安全指交通事故发生后对车内人员的保护。未来汽车将把安全气囊升级为立体式全方位安全气囊，并在车内安装灭火系统，防止交通事故后车辆因高温而发生燃烧或爆炸；溃缩式方向盘将在未来汽车上替代普通方向盘，当汽车遭受撞击时，溃缩式方向盘会自动缩进，防止驾驶员因撞击方向盘而受伤；另一项重要安全工具是自助逃生系统，未来汽车将在车顶和侧身安装隐门，一旦发生突发情况，隐门打开，车内人员可以通过隐门逃生，避免车辆因为水淹、机械故障等原因导致车门无法打开，造成车内人员被困车内，危及人身安全的情况发生。

再其次，未来汽车能够在道路之外的更多轨道上行驶。随着汽车拥有量的飞速增长，交通拥堵已日趋严重，尤其是在大城市，堵车已司空见惯，从人们戏言首都北京为“首堵”就可见一斑，堵车给人们上下班、出行带来很大不便。解决交通拥堵问题，一方面需要加强公共交通的建设，另一方面可以考虑开辟道路交通之外的其他交通轨道。早在2001年，美国科学家已研发出可以在空中行驶的“空中汽车”，但是由于造价过高未能投入生产。近年来，随着新型材料的出现，新型发动机、大功率喷气设备的使用，空中汽车和水下汽车的技术瓶颈已经逐渐被攻克：喷气或涡轮发动机能够让未来汽车实现在1030米的高度范围内行驶，气垫技术或伸缩式螺旋桨技术能够让未来汽车实现在浅水中或水面上行驶。目前已有不少国家设计出各种概念车，随着汽车工业技术上的纯熟，概念车投产是指日可待的事，新型概念车将成为未来汽车发展的趋势之一。

最后，未来汽车将集多种功能于一身。消费者对汽车的需求正日趋多元化，未来汽车为了满足消费者的需求，必然需要向着多功能、个性化的方向发展。目前已经开发的多功能汽车包括运动型多功能车SUV，兼具运动性、越野性、舒适性和多功能性等特征；多功能用途车MPV，集轿车、旅行车和厢式货车功能于一身。随着消费者对汽车的外观、配置和内饰等要求越来越趋向于个性化，汽车的开发周期将越来越短，汽车的款式变化将越来越快，车型、配置、内饰也将越来越向着多元化发展。

第 2 章

汽车的风险管理

2.1 引言

自2001年加入世界贸易组织，我国汽车工业飞速发展，汽车产量从2000年的206万辆迅猛增长到2012年的1927.7万辆。2010年中国汽车产销量双双突破1800万辆，蝉联世界第一，更创下全球历史新高。据公安部交通管理局数据显示，截至2013年9月，我国机动车保有量超过2.48亿辆，汽车保有量达1.33亿辆，汽车保有量达到100万辆以上的大中城市数量达14个。中国的汽车保有量已超过日本，仅次于美国，成为世界第二大汽车保有国。中国有许多城市已经正式跨入汽车社会。

然而随着汽车保有量的不断增长，我国交通事故的发生也在节节攀升。交通事故已成为“世界第一害”，因为道路交通、车辆情况，或者自然灾害等诸多原因，汽车所有人随时随地都面临着经济和法律两方面的风险。汽车及汽车所有人面临的风险具体有哪些，我们又应该如何对这些风险进行管理？这就是本章将要讨论的主要内容。

2.2 风险及其类型

2.2.1 风险是什么

风险无处不在，无时不在。迄今为止，风险并没有一个为学术界和实业界所普通接受的定义。对风险的定义总结起来有两种，一种倾向于强调风险表现为不确定性，而另一种则强调风险表现为损失的不确定性。简而言之，风险就是会导致损失的事件发生的一种不确定性。

2.2.2 风险由什么构成

风险由风险因素、风险事故和损失三个要素构成。

1. 风险因素

风险因素是指引起风险事故发生的潜在原因，或在风险事故发生时，致使损失增加、扩大的条件。根据性质的不同，可以将风险因素分为以下类：

（1）实质风险因素。又称物质风险因素，指有形地、直接地影响标的风险发生机会或损失严重程度的因素，一般指来自标的本身所具有的条件。对汽车来说，如某一特定品牌的汽车刹车系统的可靠性、防盗系统或发动机性能，都是实质性风险因素。

（2）道德风险因素。是指与人的品德修养相关的无形因素，指由于人们的不诚实或者恶意行为，故意促使风险事故的发生、扩大已发生事故的严重程度的因素。如机动车辆保险投保人以伪造事故现场、互撞、代撞等方式，或者通过“碰瓷”、谎报交通事故经过、重复索赔、私刻公章、利用假发票骗取保险金，这些不良企图均属于道德风险因素。

（3）心理风险因素。指与人的心理状态相关的无形因素，由于人们主观上的疏

忽或过失，以及主观上不关心、不预防、心存侥幸，导致风险事故发生的机会增加和扩大损失程度的因素。例如，投保汽车损失险和第三者责任保险的人可能比未投保时更容易开快车，因为他们知道由于车祸引起的损失可以从保险人那里获得赔偿；或者停车忘记锁门，致使偷窃风险的发生机会增加。

2. 风险事故

风险事故也称风险事件，是造成损失的直接或外在原因。风险事故是损失的媒介物，风险只有通过风险事故的发生才能变成现实，导致损失的结果。风险事故常见的表现形式有火灾、车祸、爆炸、地震、失窃等。

判断区分风险因素和风险事故的标准是，是否直接引起损失。如果某一特定事件是造成损失的直接原因，则它是风险事故；如果它是在其他条件下造成损失的间接原因，那便成为风险因素。例如，汽车行驶过程中，冰雹砸坏了汽车的车顶或车盖，则冰雹是风险事故；如果是因为冰雹造成路滑，从而引起车祸造成人员伤亡，则冰雹是风险因素。

3. 损失

损失是指伴随着风险事故的发生，非故意的、非计划的和非预期的经济价值的减少，有时候也指精神上的危害。我们通常将损失分为直接损失和间接损失两类。直接损失指风险事故直接造成的有形损失，主要表现为财产损失；间接损失是由直接损失引起的其他损失，包括收入损失、责任损失和额外费用损失等。例如，一辆公交车发生事故，造成车辆损坏，则公交车的维修费用为直接损失，而在车辆维修期间，该车不能正常运营而引起的收入损失，或由期间承诺本应载客而无法履行责任所需支付的赔偿引起的责任损失都属于间接损失。

以上四种形态的损失基本包括了任何风险能造成的损失，因而可以将风险直接分为四类，即实质损失、收入损失、责任损失和额外费用损失。

因此，风险因素、风险事故与损失之间的关系为风险是风险因素、风险事故和损失三者的统一，风险因素引发或增加风险事故；风险事故导致损失。

2.3 风险管理有哪几种手段

衡量风险的目的是要对风险进行管理。风险管理是通过风险的识别、衡量和控制，以最小的成本将风险导致的各种不良后果减少到最低限度的科学管理方法，是组织、家庭或个人用以降低风险负面影响的决策过程。

风险的管理手段主要有以下几种：

1. 避免

回避损失发生的可能性，实际是从根本上放弃某项活动，或者中途放弃某些既定的风险单位，是风险管理中的消极技术。其缺陷有三：第一，没有风险也就没有收益；第二，风险不可能完全避免，因为风险实际上是无法完全规避的；第三，规避一种风险时另一种新的风险可能就会出现，因为人不可能不从事任何活动，而活动必然带来风险。

2. 自留

自我承担风险的损害后果，在风险管理中是处理风险残余的方法。采取自留方法，应考虑经济上的合算性和可行性。

3. 预防

消除风险因素，降低损失的概率与损失程度，即在风险事故发生前为了减少损失的可能而采取的处理风险的各种具体措施，但预防不能完全消除风险产生的可能性。

4. 抑制

抑制是一种事后的措施，指在损失发生时或之后采用的降低损失程度，防止损失扩大的措施。包括尽可能地减轻损失的计划和损后救助计划。有些风险管理措施既是预防措施又是抑制措施，比如限制车速。

5. 转嫁

经济单位为避免承担损失而有意识地将损失及损失有关的财务后果转嫁出去。风险转嫁的方式主要有公司、合同安排、基金制度、保险等。风险转移分为非保险转移和保险转移。保险转移是通过保险合同把风险转移给保险公司，如汽车所有人能够通过订立保险合同，将汽车面临的风险转嫁保险人，一旦发生意外损失，保险人就按保险合同约定补偿被保险人。

由此看来，保险仅仅是风险管理手段中风险转嫁措施中的一种选择而已，在进行全面的风险管理过程中，应该重视和充分利用每一种手段。

2.4 汽车所有人面临的风险

从上面我们了解到风险是由于“实际结果和预期结果的相对差

异”可能引起的人身或财产方面非预期的损失。那么汽车所有人具体面临哪些风险呢？这些风险会给汽车所有人造成什么样的、何种程度的损失呢？

依据机动车辆保险的分类来划分汽车所有人面临的风险，机动车辆保险是指保险人对机动车辆由于自然灾害或意外事故所造成的人身伤亡和财产损失负赔偿责任的一种商业保险。汽车所有人面临的风险来自于两个方面，一是汽车本身的安全，二是所有人自身和第三者的安全，与此相应，机动车辆保险的基本险包括车辆损失险和第三者责任险。车辆损失险是保险车辆因保险责任范围内的自然灾害或意外事故而造成的保险车辆本身损失，以及由此产生的施救等费用，保险公司据保险合同的规定给予的赔偿。机动车辆第三者责任险是指在保险期间内，被保险人或其允许的合法驾驶人在使用保险车辆过程中发生意外事故，致使第三者遭受人身伤亡和财产的直接损毁，依法应由被保险人承担的经济赔偿责任的保险。汽车保险的具体内容将在第4章中加以阐述。

2.4.1 汽车损失风险因素

汽车损失风险因素归于三类：车辆、人和环境。

1. 来自车辆本身

来自车辆本身的风险因素有厂牌车型、车辆种类、车辆配置、车辆使用情况等。

汽车的车系可分为欧洲车系（奔驰、宝马、大众等品牌）、美国车系（通用、福特、克莱斯勒等品牌）、日本车系（丰田、本田、日产、马自达等品牌）、韩国车系（现代、起亚、双龙、大宇等品牌）和国产车系。美国、欧洲车系的安全性最高，其次是日本车。韩国汽车性价比较高，但安全性能较欧美车系弱，与国产车差不多。

不同种类车辆的风险因素不同。比如，对于客车而言，座位数的多少直接影响驾驶的难易程度；而影响货车的主要风险因素是吨位数；有特定用途的专用车（油罐车、气罐车、邮电车、消防车、医疗车等）的风险因素与车辆使用环境和驾驶员都紧密相关；摩托车和拖拉机的驾驶员则在很大程度上决定着行驶安全。

车辆的配置包括防锁死刹车系统（ABS）、前后盘式刹车、防撞车身、防盗系统、防滑装置、自动感应底盘、倒车雷达、高位刹车灯、安全气囊、安全带、转向助力系统、氙气大灯等。这些装置或者加强了车辆行驶的安全，或者减轻了驾驶员的负担，或者能在事故发生时减轻人员伤亡和减少车辆损失。

车辆的使用情况又包括车辆使用性质、车辆所属性质、车辆行驶区域和车辆使用年限等。

按车辆使用性质，车辆可分为营运车辆和非营运车辆。营运车辆是指为社会提供劳务、发生各种方式费用结算的公路运输车辆，如货车、客车（含公交车、出租车，长途客车等）；非营运车辆指非用以经营为目的，而是用来满足自身需要的车辆，服务的时候不收取费用。营运车辆使用频率高，长时间处于运转状态，车辆磨损程度和老化程度相对严重，同时驾驶员容易过度疲劳，甚至可能出现超载等情况，因此发生事故的概率较大。按车辆所属性质，又可分为机关所有、企业所有和私人所有。一般说来机关所有的车辆管理严格，车辆的安全配置较全面，事故率最低。

车辆的行驶区域即车辆行驶的地域范围。由于行驶范围不同，驾驶员的经验、状态、对不同区域地形、路况、气候条件、交通设施与管理水平、交通规定等的熟悉程度都会影响到车辆的风险。根

据行政地理划分情况，我国现将车辆行驶区域分为省内（含直辖市、自治区）行驶、国内行驶和出入国境行驶。一般而言，行驶区域越大，风险程度积累越高，越容易发生事故。

车辆使用年限与车辆状况有直接关系，车辆投入使用的年限越长，磨损与老化程度越高，从而车况越差。这种情况下，发生意外事故的概率变大，同时也会引发道德风险问题，目前保险公司在核保时都会认真考虑车龄。如中国平安将车龄分为五个类别，分别是1年以下、1～3年、3～5年、5～8年、8年以上，车龄越长，费率适用系数越大，表示风险越高。

2. 来自驾驶员

驾驶员的个人特点对汽车风险的影响显而易见。2011年，因机动车驾驶员违章肇事造成的死亡人数占全国道路交通死亡人数的78.56%。影响汽车风险的驾驶员特点主要有以下几个方面：

（1）驾驶经历。国内和国外的统计资料都明确显示，驾龄与事故发生频率高度相关。据分析，在因驾驶员造成的死亡事故中，3年驾龄以下的驾驶员占50%；1年驾龄以下的驾驶造成的事故占总数的20%；驾龄3年以上的事故频率趋于稳定。这是因为驾驶员的心理、技术和处理应急事件的能力都基本成熟，因而风险下降。

（2）性别。统计数据还发现，事故发生率与驾驶员性别也有密切关系。总体而言，男性驾驶员由于行车速度较快，肇事比女性驾驶员要高。因而保险公司对不同性别的驾驶员设定不同的系数，按不同的标准来确定保费。

（3）年龄。车辆的风险同驾驶员的年龄有直接关系。22岁以下的青年因为年轻气盛，追求刺激或性格心态不够成熟等原因偏向于开快车，容易造成各种交通事故。而随着年龄的增长，身体心理条件步入稳定，风险意识也随之增强，驾驶相对安全。但是当驾驶员年龄处于60岁以上时，由于生理原因，反应能力可能相对迟缓或下降，也容易造成事故。

（4）职业和收入。一般而言，拥有稳定职业和中高等收入的汽车所有人，有能力对车辆进行定时定点养护，自己控制风险能力比较高，从而风险较低；而无固定职业或收入较低的所有人，或因为金钱、或因为时间的关系，可能无法对车辆进行维护和检查，风险相对较高。

（5）驾驶习惯。有些驾驶员存在不少不好的驾驶习惯，如吸烟、空腹开车等。有很多驾驶员在疲劳时习惯来一根烟解乏，但开车时吸烟却存在许多危害。吸烟时所产生的烟雾对驾驶员的视觉有很大影响，不仅遮挡视线，还大大降低了驾驶员的适应能力；同时，吸烟使得驾驶员的制动反应时间延长，当意外情况出现时，由于手不能及时回把方向盘，瞬间就会发生悲剧；香烟里的成分会影响大脑的神经功，接着引起情绪变化，容易使驾驶员出现精神恍惚、反应迟钝、判断失误、动作失调等脑神经功能不良反应，车祸往往在这种情况下发生。

（6）肇事记录和品行。经常违章的驾驶员，风险较高；同时品行恶劣，行车心理不健康的驾驶员也极易引发交通事故。如有些司机自恃技术高超，开霸王车，在马路上左突右冲，或者长时间占用超车道；有些司机甚至藐视交通规则，闯红灯、酒后驾车等。这样的驾驶员正是人人憎恨的“马路杀手”。

3. 来自环境

汽车所有人面临来自社会环境和地理环境的风险。

（1）地理环境风险因素。地理环境对车辆安全行驶具有非常大的影响，这些因素包括气候、地形、地貌、路面状况等。

气候风险因素主要表现在暴风、暴雨、大雪等恶劣气候，这些气候还会引发泥石流、洪水、滑坡、地陷等自然灾害，这些灾害都会造成汽车的损失。我国幅员辽阔，气候南北差异很大。南方和东方气候湿润，降水多，雨季长，而北方降水较少，寒冷干燥，但降雪较多。因而，东部和南部的车辆锈损、水浸现象比较严重，路面湿滑引起的交通事故增多；而西部和北部冬季事故发生率较大，因为雨雪天气使得路面行驶环境变得复杂。

我国地形地貌的差异也非常大，地势西高东低，平原、高原、山地、丘陵、盆地五种地形齐备，山区面积广大，约占全国面积的2/3。不同地形地貌下，行车的安全度也不同。比如，平原地区地势平坦、视野开阔，行车比较安全；山区地势险峻，路幅不宽，大都是急弯狭路，从而容易导致事故，甚至重大恶性交通事故。

路面状况主要指路面的质量，对行车安全及车辆损耗有直接影响。例如，由于南方与北方气温差异很大，调整公路路面所使用的沥青是不同的，这样对轮胎的磨损程度不

同，爆胎发生的情况也不一样。路面状况好的地段，车辆的事故率显然相对会低一点。

（2）社会环境风险因素。车辆运行时周围的社会环境对车辆的风险也很重要。法制情况是否健全决定着保险人与被保险人的利益是否能受到全面的保障，如果当地交通、管理、维修、人员医疗等有关法律法规完善，法律法规的执行情况有效，则事故发生后，责任鉴定和补偿处理都有法可依，车辆面临的风险自然较低；治安情况是否良好影响着车辆安全，治安较差的地区，盗窃、抢劫时有发生，车辆的风险较大；当地人文环境——主要指个人和社会的文化素质、交通法规熟悉程度和安全意识——对事故发生率也有一定的影响，比如在对交通规则和紧急事故处理方式不够普及的乡村，发生重大恶性交通事故的概率比城市要高；完备的道路设施能加强驾驶员的判断能力，减轻驾驶负担，大大减少事故的发生，这些设施包括路灯、标线、指示牌等保护、养护公路和保障公路安全畅通所设置的公路防护、排水、养护、管理、服务、交通安全、渡运、监控、通信、收费等设施、设备及专用建筑物、构筑物。

2.4.2 汽车在运行过程中存在的风险

我们知道，引起汽车损失的三类风险因素分别是车辆、人和环境，而风险因素是指引起风险事故发生的潜在原因。风险事故才是造成损失的直接或外在的原因。从机动车辆保险的角度来看，汽车在运行过程中可能遭遇到危及车辆安全、第三者安全、驾驶员自身安全和车辆所有人安全的各种风险事故。

1. 涉及车辆安全的风险

（1）意外事故，例如碰撞、倾覆、火灾、爆炸、外界物体倒塌、空中运行物体坠落、行驶中平行坠落等。

碰撞风险是车辆损失险特定的主要风险，出险率非常高。碰撞是车辆与外界静止的或运动过程中的物体直接接触并发生意外撞击、产生撞击痕迹的现象，有可能是车辆撞击外界物体造成的损失，也有可能是外界运动中的物体撞击车辆造成的本车的损失。

倾覆风险是指意外事故导致车辆翻倒（两轮以上离地、车体触地），处于失去正常状态和行驶能力、不经施救不能恢复行驶的状态。也可以理解为我们日常说的“翻车”。

火灾是指因为时间上或空间上失去控制的燃烧所造成的对机动车辆的损失，这种燃烧是由外界火源以及其他保险事故造成。如果车辆因本车电器、线路、供油系统、货物自身等发生问题以及不明原因产生起火，我们称这种起火燃烧的汽车风险事故为自燃。

在机动车辆保险中，爆炸仅指化学性爆炸，即物体在瞬息分解或燃烧时放出大量的热和气体，并以很大的压力向四周扩散，形成破坏力现象。如装载易燃易爆品造成的爆炸。

地表建筑物坍塌、树木倾倒等都属于外界物体倒塌。外界物体倒塌是指保险车辆以外的物体倒下或陷下，造成保险车辆受损。

空中运行物体坠落是指由于天空中运行物体的坠落，如飞机的坠落或飞机坠人、坠物，或人造卫星、陨石的坠落，以及吊车、天车等操作失慎、失灵所致的坠落。

行驶中平行坠落是指车辆在行驶中发生意外事故，整车腾空后下落，造成车辆损失的情况。在保险条款解释中，非整车腾空，仅由于颠簸造成被保险机动车损失的，不属坠落责任。

（2）自然灾害，包括雷击、暴风、龙卷风、暴雨、洪水、海啸、地陷、冰陷、崖崩、雪崩、雹灾、泥石流和滑坡这些由自然灾害造成的车辆损失。

（3）车辆或车辆零件、附属设备被盗窃、抢劫、抢夺。

（4）载运车辆的渡轮遭受自然灾害引起的车辆损失。

（5）因为驾驶员或其他与车辆紧密相关的人员的不正当操作或过失、故意造成的车辆损害。

2. 涉及第三者安全的风险

车辆在驾驶过程中发生意外事故，致使第三者遭受人身伤亡和财产的直接损毁，汽车所有人或者驾驶员一般需要承担损害赔偿责任，向第三者支付赔偿金。这就是车辆行驶过程中存在的责任风险。

3. 涉及驾驶员自身安全的风险

由于自然灾害或意外事故，或者由于驾驶员本人的故意或过失行为，都可能导致驾驶员自身遭受人身伤亡或财产的损失。

4. 涉及车辆所有人安全的风险

涉及车辆所有人安全的风险是指驾驶员作为车辆所有人的雇员，其驾驶车辆时遭遇汽车事故导致货物或车辆损毁、导致他人或自身的人身伤亡，所有人必须承担的责任风险。

2.5 汽车风险管理

2.5.1 你为汽车风险买单了吗

1. 汽车风险的有形成本

汽车的用途可以分为消费资料和生产资料两部分。作为消费资料时，损失风险成本就是部分损失时的修理费用，车辆维修期间的租车、用车费用，全部损失时重新买车的费用等；作为生产资料时，损失风险的有形成本就不仅仅指上面所说的费用，还包括运营中断费用、合同违约损失等带来的间接成本。

从责任风险方面看，汽车责任风险有形成本是指因违反《民法》、《公路法》、《道路交通安全法》等法律法规的行为导致他人财产或人身损失所应承担的赔偿责任，赔偿的多少，即责任风险的成本大小往往要以法院判决作为依据。

2. 汽车风险的无形成本

由于汽车风险相对较大，小小的纰漏也可能造成车毁人亡，出于对自己和第三者生命负责的态度，通常要求驾驶员在驾车过程中注意力高度集中，也容易紧张，因而驾驶员往往比其他行业的人员更疲劳；另外，由于汽车运输业的高风险，若不存在高回报率，人们就不会愿意将资金投向该行业。

3. 预防和处理汽车风险的成本

对于汽车风险来说，预防和处理风险也是一笔不小的成本。为了保证安全，需要时常对汽车进行保养、修理和检验；为了防止火灾，需要配备用于消防的灭火设备；为了预防被盗、被抢，汽车要安装防盗锁、报警器等，这些成本都会产生一定的费用。

2.5.2 汽车的风险管理

汽车的风险管理也要经过风险评估，在确定汽车的风险因素并对风险进行度量后，汽车所有人应确定有效的风险管理技术，以达到用最小的成本获得最大的安全保障的目的。风险管理的技术有避免、自留、预防、转嫁和抑制五大类，下面具体说明这五种技术在汽车风险管理中的应用。

1. 避免

避免是完全消除产生风险损失的一切可能性，在风险发生之前行动。首要的避免汽车风险的手段是放弃使用汽车，选择其他交通方式，或汽车所有人在预知重大风险发生的可能性较大时，暂时停止使用汽车。比如，当天气预报告知有暴雨、洪水或其他灾害天气时，汽车所有人将汽车停放在高处，不再驾驶出行；对于行驶风险较大的路段和区域，如冰雪路面、山区道路和驾驶员不太熟悉的区域，放弃驾驶活动也能有效地回避风险。

虽然风险回避彻底消除了风险因素以及因此可能造成的损失，同时也减轻了人们紧张、恐惧的心理，但作为一种被动消极的风险处理技术，仍然具有很大的局限性。个人和社会不能在任何情况下都放弃使用汽车，特别是对作为生产资料的营运车辆而言，回避风险的同时也失去了利益，出租车在雨雪天气的需求往往比正常天气下要大得多，放弃高风险，也就意味着放弃了高利润。同时，有可能在回避一种风险的同时，又要面对另一种新的风险，如放弃驾驶，将汽车放在家里或停车场，则增加了被盗的风险。

2. 自留

风险自留是自我承担风险的损害后果，属于一种财务风险管理技术。通俗说来，就是当风险事故发生，引起一定的损失后，汽车所有人使用自己的资金弥补损失。在汽车风险中，常见以下几种风险自留情况：

（1）小额的损失风险。在现行的机动车辆保险条款中，车辆损失险和第三者责任险、全车盗抢险、车上责任险和新增加设备损失险都有一定的免赔率，免赔率以下的部分损失，保险公司不负责赔偿。中国人保财产公司将500元“绝对免赔额”向全国推行，客户可自由选择是否选择投保，选择该条款可以减少主险的保费，代价则是在约定以内的小额赔款保险公司不负责赔偿，而金额较大且在主险赔偿限额以内的赔款，也要先扣除先约定的绝对免赔额再计算赔偿金额。在这种情况下，汽车所有人也就是将约定的小额损失自留。尽管“绝对免赔额”争议颇多，但在国际上是当今保险市场流行的车险条款之一。

（2）损失概率极低的风险。如在汽车责任风险中，发生50万元以上赔偿额的事故概率极低，普通汽车所有人只需购买50万元的交强险即可，超过50万元的责任风险自留。

（3）无法转移的风险。我们知道，有些风险属于不可保风险，我们无法将这些风险的损失转移出去。这些风险往往是车险的责任免除风险项目，通常有：损失巨大且无法衡量或预见的风险项目，像地震和战争风险；道德风险，如被保险人及家庭成员、被保险人允许的驾驶员的故意行为或违法行为造成的全车或部分损失等。因为没有人接受这种风险转移，汽车所有人不得不自留。

3. 损失控制

损失控制包括预防和抑制两方面的含义。有时候，预防和抑制之间的区别并不完全清楚，很多措施既能减少导致损失事故发生的概率，又能在损失发生后减轻损失的严重性。总地说来，损失控制包括以下几个方面：

（1）定期安全检查。除去政府交通部门要求的强制安全检查，驾驶员在每次出行前都应该对车辆进行例行检查，定期的保养和检修也是很有必要的。如果汽车在每次出行前都处于良好的状况，发生事故的概率自然会减少。

（2）加强安全学习，培养法制观念并养成良好的驾驶习惯。驾驶人员一定要熟悉和遵守道路交通安全有关法律法规，特别是《道路交通安全法》及其实施条例，同时也要熟悉道路情况。养成良好的驾驶习惯，文明驾驶，拒绝违章超车、随意停车、“你争我抢”等恶劣的行车方式，杜绝驾车时吸烟、拨打接听手持电话等妨碍驾驶的行为。

（3）驾驶人员应掌握应急施救措施，包括汽车施救和人员急救知识；汽车上应该携带必要的安全工具，如灭火器、三角警告牌、千斤顶和安全锤等。这些知识和工具在风险事故发生时，能帮助驾驶员防止损失进一步扩大，控制损失最小化。

4. 转嫁

汽车所有人从买回汽车开始，为汽车投保就是首要考虑的问题，通过保险合同，将大量的汽车风险转嫁给保险公司，尽管保险公司无法接受所有的风险，但对于普通百姓而言，这一风险管理技术基本能满足其在事故发生时获得补偿的需要。我国《机动车交通事故责任强制保险条款》明确要求，在中华人民共和国境内道路上行驶的机动车所有人或者管理人应当投保机动车交通事故责任强制保险，但法律法规并未规定各种汽车的最小责任限额，所以，汽车所有人应根据汽车和驾驶员的情况以及行驶区域等情况购买相应限额的保险，有效地、最优地将风险转移到保险人，以获得最大的安全保障。

2.6 你是不是一位优秀的驾驶员

一个合格的优秀的驾驶员是控制汽车风险最重要的环节之一，

仅仅拥有驾驶证并不够，还需要良好的状态和一定的知识。作为一个合格的驾驶员，以下几方面的素质是必备的：

第一，要有法制观念和安全意识。道路交通安全的法律法规是汽车驾驶员行车的基本准则，《中华人民共和国道路交通安全法》以及相关的规章制度将以往的交通安全教育上升为法律法规，合格的汽车驾驶员应熟悉并遵守相关规定，提高安全意识，树立安全行车思想，将生命安全和财产放在第一位，对自己和他人负责，杜绝违法驾驶，更不允许存有任何侥幸心理驾驶车辆。

第二，要有过硬的汽车驾驶操作技术。汽车驾驶技术的好坏，直接影响汽车驾驶安全。拿到驾驶证并不意味着你能游刃有余地驾驭车辆。从学车开始，我们就知道驾车时首先应保持正确的驾驶姿势，随时能观察道路与交通环境的变化、汽车仪表板，还需要集中精力判断汽车前后、左右车辆在道路上的位置状况，选择准确的方位和安全通道等，从而有效减少道路交通事故的发生。其次应有熟练的驾驶技能，手脚动作配合要密切，双手应稳妥地掌握好方向盘，车速适当，得当运用制动，在行车中要善于正确处理人、车、路、气候、环境五者之间的关系。新手或长期没有驾车的驾驶员应该多向老师傅虚心请教经验，学会分析和判断外界情况，学会在不同的天气和特殊路况下的驾驶，正确处理复杂情况和紧急危险情况，避免交通事故的发生。

第三，优秀的驾驶员应该熟知汽车的一般构造、原理，了解如何对车辆进行正常的维护、保养，能判断汽车的一般故障并能对车辆进行自救。开车首先要懂车，熟悉车辆基本的技术性能，能独立维护、保养车辆，能发现、诊断普通故障且有基本的汽车修理技术。这种素质能帮助驾驶员避免开着有问题的车辆上路，又能在车辆出现意外情况时及时摆脱故障，节省精力和金钱，有利于维护道路交通秩序。

第四，优秀的汽车驾驶员应有良好的身体素质、心理素质及驾驶心态。 汽车驾驶对人的精力和体力消耗较大，没有健康的身体，很难保证在长时间的连续行车中保持良好的视力和迅速的反应能力，身体素质不过关的驾驶员更容易疲劳，引发事故。汽车驾驶员应有良好的心理素质，心理素质是汽车驾驶员在汽车驾驶操作过程中的心理状况和心理活动，它是影响安全行车的另一个内在因素。特别是在大城市中，容易堵车，路人密度大，紧急情况更加复杂，这就要求驾驶员保持心平气和，不抢道、不加塞、不随意停车，如若碰到他人不文明的驾驶行为，也要保持稳定的心态，不盲目跟风，更要避免意气用事。

2.6.1 车辆出行注意事项

1. 出行前必备用品

（1）短途出行必备。

证件：

非营运车辆要带上与车辆相符的驾驶证；营运车辆还需带上《道路运输证》、《从业人员资格证》。

工具：

备胎、灭火器、三角警告牌、千斤顶、扳手和安全锤。

（2）长途出行必备。

证件：

非营运车辆要带上与车辆相符的驾驶证；营运车辆还需带上《道路运输证》、《从业人员资格证》。

工具：

修车工具包括结实的拖车绳2条、应急电源、备胎1个、灭火器、三角警告牌、千斤顶、扳手和安全锤、快速补胎剂、钳子、扳手等，冰雪天还需备防冻液、防滑链；照明工具如手电；通信工具如手机、GPS导航、地图；生活用品如食品、饮用水、衣服、火柴、手电筒、电池、刀具、卫生纸等；近视眼的一定要带好备用眼镜。

2. 出行前的检查

用老师傅的口头禅“汽油机油水，刹车喇叭灯”来检查车辆状况。

短途旅行前可对车辆进行简单检查，看是否漏油、缺不缺水等，燃油要加满，机油、防冻液要充足；长途旅行出发前，要详细检查车辆的所有部件，对车辆做到心中有数，尤其是发动机、转向、刹车、灯光、轮胎等重要部位的车况，更要保证运行良好。

进入驾驶舱以前，检查一下周围的环境。查看是否有障碍物或危险因素。然后看一下轮胎是否气压正常，外部是否有损伤，地面是否有渗漏液体。

2.6.2 养成良好的驾驶习惯，避免不良驾驶习惯

不良的驾驶习惯容易引起事故，要注意防止下列不良驾驶习惯。

（1）开车前不系安全带。安全带被称为汽车的“生命线”。当高速行驶的汽车发生碰撞或遇到意外情况紧急制动时，会产生可能超过司机体重很多倍的惯性力，使司机及乘客与车内方向盘，挡风玻璃、车门等物体发生碰撞，极易造成严重人身伤害，甚至驾乘人员被抛离座位或撞出车外，而安全带的作用就是将人束缚在座位上，吸收干净能量，化解惯性力，减轻驾乘人员受伤程度。统计数

据表明，在发生正面撞车时，系好安全带死亡率可减少50%以上，侧面撞车可减少40%以上，翻车时可减少80%。

有些司机习惯在汽车起步后一手扶方向盘，一手系安全带，此时容易因为姿势用力不匀，方向盘失去控制而发生事故。如果安全带曾承受过多次强拉伸负荷，应该及时更换新的安全带，以防万一。

这里还需要强调的是，系好安全带是安全气囊发挥保护作用的一个重要条件。安全气囊只是辅助安全系统，需与安全带配合使用才能发挥最大的安全保护效果。交通事故统计数据表明："三点式安全带＋气囊"的保护作用最高，可以达到60%以上，而安全气囊的打开受很多因素的影响，如撞击时的相对速度，撞击物体的坚硬程度，撞击的角度和部位等。只有在中度至重度正面碰撞时，气囊才可能膨开。而在翻滚和后端碰撞时，或低速正面碰撞、或大多数侧面碰撞时都不会膨开。车内的所有乘客都应当系好安全带，无论他的座位有没有设置安全气囊，同时要确保驾乘人员与安全气囊之间没有其他物件，如果在乘员和气囊中间有什么物件，气囊就可能无法正常膨开，或者可能会将此物件打到乘员身上，导致严重伤害甚至死亡。

（2）起步、停车过快。起步、停车过猛容易造成意想不到的事故。比如在雪天，由于路滑，地面附着力下降，车辆的制动、操控性和稳定性都有大幅下降，过高的车速会导致车辆失控，发生危险。雪天起步应该慢慢加油，延长半联动时间，并适当采用高挡起步，以有效地减少车轮打滑，停车时切莫猛踩刹车，这样容易导致轮胎抱死，严重的话会让车辆失去动力、制动和转向助力，更容易发生危险。

（3）握方向盘的动作不对。单手或两只手并在一起握方向盘都是不对的，有些司机还喜欢反握方向盘，这样易伤手腕，在发生意外情况时反应速度变慢而导致事故。

（4）空挡滑坡。空挡滑坡时，车速越来越快，此时如果发生紧急情况，由于底盘传动机构与发动机不联结，没有发动机制动的帮助，制动效果不明显，甚至会使车辆失去平衡而发生危险。

（5）过多小动作。开车时喝水、抽烟、打电话、发短信、吃东西、捡东西、调收音机、换碟片……许多司机对一边开车一边做这些小动作习以为常，但过多的小动作有可能是致命的。比如，遇到突发情况时，司机手忙脚乱，会下意识地吞下口中食物，有可能卡在喉咙或误入气管，从而危及生命。

（6）车内物品勿随意摆放。后挡风玻璃的平台上不可摆放较重或较硬的物品，当汽车与前方的固定物体碰撞时，此时平台上的物体将会以相当大的力度飞出来，如果坚硬的物品撞击到后座乘客的后脑，将酿成惨剧。

汽车前后左右的挡风玻璃上也不能悬挂装饰物品，《道路交通安全法》也有此规定，原因是在行车过程中，晃动的悬挂物会干扰驾驶员视线，分散其注意力，可能会造成判断失误，发生危险。

车内最好不要有打火机和其他易燃易爆物品，特别是在夏天，在阳光烘烤下，车内温度很高，密闭车厢内极易发生爆炸。

（7）不合理使用车灯。车灯不仅有照明的功能，还可以与其他车辆进行交流。除了按规定合理使用车灯外，还要学会使用“灯语”。“灯语”是车友们在实践中总结出来的，开车过程中，直接交流不现实，利用灯光变化来做一些交流很方便，也很有必要，有助于安全行车。如在路口等车，若绿灯亮后前车不走，大灯闪一下，通常前车就能意识到，不需要连闪大灯或狂按喇叭，这样更容易造成矛盾；再如夜晚行车遇到打远光灯的车辆，可以在会车前一段距离连闪两下大灯，提醒对方切换灯光，如果对方仍然没有意识到，可以打双跳灯表示不满；车辆并道应提前打开转向灯，后车要是同意，就放慢车速，并闪一下大灯，如果不方便就可以连闪几下大灯，表示不行。

此外，诸如并线、停车后不拉手刹、起步后忘松手刹、先踩离合器后刹车、疲劳驾驶等不良习惯都应该引起驾驶人的注意。

新手上路应该注意养成安全、规范、文明、保护弱者的习惯，做一个胆大心细、珍爱生命、安全第一的优秀驾驶员。俗话说，习惯成自然，好习惯一定能大大减少出事概率，保人平安。

第 3 章

生命安全与经济安全

3.1 关爱生命　安全出行

生命安全，是人生第一要素。汽车，这一现代文明的产物，给人们的生活带来快捷、方便和惬意，随着经济的发展，越来越多的汽车走进了寻常百姓家，然而，与汽车同样引起社会关注的，还有如影随形的交通事故。人的生命只有一次，当车轮行驶在死亡的边缘，你该如何面对？

每当人们说起死亡，说起生命，往往会想起战争，第一次世界大战中，2000万人失去了生命，第二次世界大战又夺去了3600万人的生命，然而人们也许忽略了一个更残酷的数字——自从第一辆汽车诞生以来，已有4000多万人在飞旋的车轮下离开了这个世界。在全部安全生产事故死亡人数中，85%的死亡人数是源于道路交通事故。近年来尽管交通死亡事故已成为第一“杀手”，但许多人依然对公路这个高危环境浑然不觉。不如我们先看一下近年来关于交通事故的官方数据吧！

2013年上半年，全国共接报涉及人员伤亡的道路交通事故84570起，造成21896人死亡、94331人受伤，直接财产损失4.4亿元。

2011年上半年，全国共接报道路交通事故1840998起，约平均每天发生2522起，涉及人员伤亡的道路交通事故91811起，造成25864人死亡、106370人受伤，直接财产损失4.4亿元。

2010年，全国共接报道路交通事故3906164起，约平均每天发生10701起，涉及人员伤亡的道路交通事故219521起，造成65225人死亡、254075人受伤，直接财产损失9.3亿元。

2009年，全国共发生道路交通事故238351起，约平均每天发生653起，造成67759人死亡、275125人受伤，直接财产损失9.1亿元，发生一次死亡10人以上特大道路交通事故24起。

2008年，全国共发生道路交通事故265204起，约平均每天发生726起，造成73484人死亡、304919人受伤，直接财产损失10.1亿元。发生一次死亡10人以上特大道路交通事故29起。

2007年，全国共发生道路交通事故327209起，约平均每天发生463起，造成81649人死亡、380442人受伤，直接财产损失12亿元。发生一次死亡10人以上特大交通事故26起，造成389人死亡。

看到这些居高不下的触目惊心的数字，您是否有所感悟呢？也许冷冰冰的数字还不能直接触动到您，那再让我们来看看它们意味着什么。8万人口相当于一个中小型县城的人口，几乎能坐满单体面积最大的体育场鸟巢。10亿元的经济损失又意味着什么呢？如果建一所希望小学需要50万元，那么因交通事故所造成的经济损失可建2000所希望小学，能帮助多少中西部贫困山区失学儿童重返校园！10亿元如果用来建设保障房，以普通二线城市5000元每平方米的保障房销售价格计算，10亿元能建设20万平方米的保障房，可解决多少户低收入困难家庭的住房问题！

3.2 血泪的伤痛——我国近年来汽车重大风险事故回顾

3.2.1 长深高速公路辽宁境内“5·23”特大交通事故

2010年5月23日凌晨3时左右，G25长深高速公路306公里＋200

米处，一辆大货车从服务区出来后，方向辨别错误，逆向行驶，与天津长途客运公司一辆正常行驶的由天津开往哈尔滨的津AB7328宇通豪华卧铺大客车相撞起火。货车上3人当场死亡，大客车上有28人当场死亡，1人经抢救无效死亡，另外21名乘客受伤。伤亡集中的大客车前脸已经严重变形，几乎看不出原貌，车窗玻璃和轮胎全部烧毁。客车里的卧铺也只剩下扭曲变形的架子，物品几乎全部烧毁。

3.2.2 黑龙江哈同公路“3·19”交通事故

2009年3月19日下午16点到17点，黑龙江省哈同公路哈尔滨去往佳木斯447公里处发生一起重大交通事故，造成19人死亡，多人受重伤。一辆车号为“黑B29033”的货车发生轻微碰撞，停在路边，虽然设置了标志，但一辆从哈尔滨开往方正县方向车号为“KL49970”的大客车，因司机疲劳驾驶打瞌睡，直接和货车相撞，造成了19人死亡的重大交通事故。

3.2.3 新疆库车“12·2”特大交通事故

2008年12月2日8时30分左右，国道314线库车县境内762公里处发生一起特大交通事故，造成22人死亡，3人重伤。一辆从阿图什开往乌市的卧铺客车与一辆相向行驶的拉煤货车相撞。拉煤货车满载煤块，车上有3人。客车上载有司乘人员及乘客共30人。在距事故发生地前7公里处，货车司机因疲劳驾驶曾被执勤交警强制休息20分钟，但仍未能阻止这次悲剧的发生。

3.2.4 四川巴中“9·13”特大交通事故——近年来死亡人数最多的交通事故

2008年9月13日13时30分，四川省巴中市巴中运输（集团）有限公司一辆客车载客51人，从巴中市出发前往浙江省宁波市，当车辆行至巴中市南江县桃园镇卫家坝林场处时，驶出公路，撞击左侧波形护栏，坠入100多米深的悬崖，造成车上51人全部遇难。而事故发生的直接原因，一是驾驶员违法超速驾驶；二是驾驶员操作不当。

3.2.5 包茂高速“8·26”重特大交通事故

2012年8月26日凌晨2时左右，陕西省延安市境内包茂高速公路安塞段由北向南484公里+95米处，一辆双层卧铺客车与一辆装有甲醇的罐车追尾，引发甲醇泄漏起火，并致两车起火，共有36人遇难。

看到这些血泪的教训，你是否还会因为闯红灯没有被电子警察抓拍而心存侥幸？是否还会因为超速驾车没有被测速仪拍摄而庆幸不已？是否还会因为超载运客多赚了几十块钱而洋洋得意？是否还会因为酒后驾车逃避了交警检查而无比开心？是否还会撑着疲惫的通红的双眼长途跋涉？你的每一次出行，都身系着家人期待你平安回家的祝福，你的每一次上路，更是担负着保证自己、乘客和路人安全的责任。人生不可重来，与其在事故发生后懊悔“为什么不再慢一点”、“我不应该喝酒的”或者“早知道就再等一下”，不如从你上车的那一刻开始，就做到一个合格驾驶员所要求的每一点，让汽车的普及真正成为利大于弊的文明进步。

除去由于人为因素所造成的汽车碰撞事故，由自然灾害带来的损失或其他形式的风险事故也常常令人措手不及，心疼不已。

2012年7月21日，北京遭遇61年一遇的特大暴雨，北京各财产保险公司机动车辆保险接报案4.2万件，赔偿金额超过3.9亿元（平均每辆汽车赔付金额约9286元）。

2004年7月10日，北京突降暴雨，造成大批汽车受损。中国人民财产保险股份有限公司北京分公司共接到报案1110起，理赔金额超过550万元（平均每辆汽车赔付金额为4950元）；中国平安保险公司北京分公司接到报案172起，赔偿金额约为100万元（平均每辆汽车赔付金额为5810元）；中国太平洋保险公司北京分公司接到报案140多起，赔偿金额超过170万元（平均每辆汽车赔付金额为12140元）。

2010年7月4日23时左右，江苏无锡雪丰钢铁公司夜班接送车突然在隧道中起火，车上有乘员45人，其中24人当场死亡，19人受伤。

2011年7月22日凌晨4时，一辆威海至长沙的车牌号为“鲁K08596”的客车在京珠高速938公里处发生火灾事故，共造成41人死亡，6人受伤。

2005年9月25日晚，金寨县梅山镇某个体户10万元的客车停放在车站内自燃引发火灾，火势蔓延到相邻的两辆客车，直接经济损失达30多万元。

2011年8月，一阵罕见的冰雹突袭沈阳，沈阳近万辆汽车都遭了殃：挡风玻璃上全是“弹孔”，车体成了“麻子脸”。而沈阳各保险公司共接到5000起因冰雹受损的报案，总赔偿额近3000万元。

之所以要讨论风险，是因为风险是无处不在的，是客观存在的，我们只能在力所能及的范围内控制风险或者减轻风险发生时我们的损失，利用第2章提到的各种风险管理手段来获得最大的保障。我们在拥有爱车的同时，也不可避免地要面对它带来的风险，这些风险事关生命，事关我们的利益，我们可以通过选择合适的汽车保险为自己提供经济保障，这将在第4章、第5章加以详细描述。但生命只有一次，保险只能补偿一定的经济损失，并不能减轻生者的痛苦，更不能让逝去的生命重生，只有从每个方面都重视汽车的风险管理，才能真正得到保障。

3.3 汽车水灾事故的预防和应急处理

预防水灾的第一要务是做好汽车的防水准备，以下三个方面是最基本、最重要的预防措施：

1. 高处停车

停车时要尽量停到地势较高处，不能停在低洼处，车辆如放在地下停车场，要尽量开出来，放在高处，以免随着时间的推移，积水越来越深，汽车慢慢地被水淹没。同时，如果车辆放在坡道上，一定要记得车头朝下，在车头和前挡玻璃中间有一道“防火墙”——实际是铁制品并包有防火材料，如果车头朝上，暴雨之下，车头处积水越来越多，就会从“防火墙”处渗入，破坏控制系统。

2. 停车避雨

当突然遭遇暴雨或洪水时，驾驶员一旦意识到水灾会影响到汽车的行驶安全时，应迅速选择停车避雨。

3. 行车避水

行车时若对方来车速度较快，行驶溅起水浪，应尽量躲避，必要时可停车让对方汽车先行通过，以防止溅起的水损害车辆性能。

不同的车辆涉水深度是不一样的，重型大货车为100～120厘米，普通大货车为45～80厘米，越野吉普车为60厘米，小客车不能超过40厘米。那么如何判定路面积水深度是否允许汽车涉水通过呢？一般而言，我们有两个简单的指标：一是积水是否浸到车厢内的地板或排气管；二是积水是否超过轮胎中线。如果超过以上两个指标，则积水过深，可能对汽车的发动机系统、电脑零件等造成影响，不能冒险涉水，轻易涉水，遭受损失的概率较大。

当水深超过车轮或汽车的最大涉水深度，又不得不继续行驶时，驾驶员还可以采取一系列的措施来抑制损失：

首先便是选择好涉水地点。下车仔细观察水的深度、流速和水底性质，以及进、出水域的宽窄和道路情况，注意暗坑和较大的石块以及路基软硬度，由此来判断汽车是否能安全通过。在确认自己所驾汽车的结构能够通过眼前的路段时，一般应选择距离最短、水位最浅、水流缓慢及水底最坚实的路段通过。

根据经验，水面较平静的地方一般水较深，而有浪花和旋涡的地方很可能有较大的石块和其他障碍物；水面开阔且有较均匀的碎浪花处，一般水较浅且水底多为碎石，适合驾车慢速通过。对于无法亲自判断积水深浅的路段，最好下车巡查路况，或者等待货车、大客车等大型车辆车经过，通过它们的行驶情况推测能否安全通过，如果不管不顾，盲目下水，有可能导致发动机入水熄火，造成损失。

涉水行驶时，应酌情采用下列防护措施：

（1）拆掉风扇皮带。

（2）用防水布或塑料袋将分电器、高压线、点火线圈等包好，并设法将电瓶的位置升高（如驾驶室内或车厢上）。

（3）若水位接近汽车的最大涉水深度时，应该在前保险杠上捆绑较宽的木板，当汽车前方的水被木板推开时，发动机部位会形成一个浅水区，这样可以防止点火系统进水。

（4）留意汽车排气管管口位置的高度。条件允许的话，可找一根软管套在排气管尾部，并向上弯起高出水面，防止水灌入排气管。

（5）有可能时，适当加大汽车的重量，以减少水对车的浮力作用和增加车轮的附着力，从而保持汽车涉水行驶的稳定性。

（6）汽车开到水边后，如果轮胎和制动鼓温度较高，应稍微休息一会儿，待其适当冷却后再下水。

当汽车需涉水行驶时，在采用了适当的防护方法以后，还需注意以下问题：

（1）汽车涉水时，应挂低速挡平稳驶入水中，避免大轰油门或猛冲，防止水花溅入发动机而熄火。

（2）行驶中要稳住油门，保持汽车有足够而稳定的动力，一气呵成通过积水，尽量避免中途停车、换挡或急转弯，尤其是水底路面为泥沙时，更要注意做到这一点。

（3）行进中要看远顾近，尽量注视远处的固定目标，双手握住方向盘正直前进。不能注视水流或浪花，以免晃乱视线产生错觉，使汽车偏离正常的涉水路线而发生意外。如果车内产生大量雾气，则迅速打开空调吹冷风，以驱散雾气。

（4）若遇水底有流沙、车轮打滑空转时，应立即停车，不可勉强进退，更不可半联动地猛踩油门踏板。应在保持发动机不熄火的情况下，组织人力或其他汽车将车推、拖出来，避免越陷越深。

（5）多车涉水时，绝不可同时下水，应等前车驶过积水，后面的车才下水，以防前车因故障停车，迫使后车也停在水中，导致进退两难。

（6）经过积水路段遇到对面来车时要尽量躲避，或让其先通过，以避免水浪溢进进气口造成熄火。

（7）万一涉水时发动机突然熄火，当你确认并非因油门或换挡失误造成，而是因为水面过高导致熄火时，应立即关闭点火开关，不要试图再次启动发动机，并将车辆移至安全地点，尽量使车辆前高后低，这样可使进入排气管中的水流出，避免损坏三元催化转换器及消声器。

车辆涉水后的检修对车辆的维护也是非常重要的，选择宽阔安全的地点停车后，拆除防水包扎物，并用干布将其受潮的电器部件擦干净，以防发生短路等故障。

（1）检查发动机，看发动机汽缸有没有进水，如果连杆被顶弯，则表示进水了，发动机有可能已经损坏，此时应拆下火花塞，人为切断燃油供给系统和点火系统后用马达运转发动机，将发动机内部的水排除。

（2）检查机油里有没有进水，进水的机油会变质，失去润滑作用，使发动机过度磨损。

（3）检查各齿轮箱有无浸水，水箱散热器片之间有无漂流物堵塞，轮胎有无损坏，注意清除散热器。

（4）检查刹车油和四轮刹车，若刹车油变质致使刹车失灵，危险显而易见。

（5）检查蓄电池是否进满了水，必要时应更换电解液。

（6）及时清理车身上的漂流物、轮胎间的嵌石以及底盘上的水草杂物等，车内被泡过的物品应该尽快晾干，以免发霉。

检查完毕后，启动发动机，让发动机空转数分钟后，达到正常温度，烘干发动机上面的水和潮气。确认汽车技术状况良好后，首先低速行驶一段路程，轻踩几次刹车踏板，产生热能，以烘干和蒸发掉制动器中残留的水分，确保刹车性能良好。由于底盘部件在涉水过程中容易造成润滑油的变质，特别是与转向、传动等系统相关，在试驾时应该仔细倾听底盘有没有异常声音传出，及时进行防锈以及润滑的工作。

当汽车不幸落水，首先应关注的是人身安全，掌握自救知识此时更是生死攸关。驾驶员和乘客不要大惊失色，不要胡乱开窗、盲目开门试图逃命，这样做往往徒劳无功，甚至会导致溺水死亡，应利用短暂的时间分工协作，寻找机会逃出。帮助寻找可用来击碎玻璃的硬物，帮助还没有解开安全带的乘客解开安全带，协助其他人从车内逃出。如何在最短的时间内自救呢？正确的逃生方法应该是：

（1）汽车落水后马上打开中控锁，以防失灵。如能打开车门，应迅速打开车门逃生。

（2）当水位只位于车门下部1/3时，车门是很容易推开的，可以直接打开车门逃生。

（3）当水位已漫及车窗但未高过车窗时，由于水压太大，车门无法打开。如车辆带有天窗我们可以从天窗逃生，没有天窗的话我们摇下侧窗玻璃或用硬物（尖嘴槌或类似物品）打穿玻璃逃生。

如果车辆意外沉入水中，水会从车身缝隙中注入，只有等到车内水位不再升高时，车门才能推开。要想顺利逃生，我们需要注意以下几点：

（1）车头会先到达水底，车内被困住的一小部分空气会积存在车辆的尾部，在等待车辆注水的过程中，我们要逃到车辆尾部利用尾部的空气维持生命，深呼吸几次，做好憋气潜水的准备，从容地等待水将车厢和驾驶室灌满。

（2）当车内的水注满时，使用锤子之类的东西砸开车门或车窗，或干脆用车内的排挡锁、方向盘锁等金属硬物砸开。在上浮的过程中要慢慢呼出肺部的空气，由于在水底吸入的空气压力与水压相等，在上浮过程中会膨胀，不及时呼出部分空气会导致肺部损伤。全身紧缩，转身将后背对着打开的车窗，双手抓住车门的上框，钻出汽车，潜游而出。

（3）对于不会游泳的人，无论如何，一定要设法打开车窗，建议拆下车内的头枕，利用头枕的浮力判别水面的方位。

3.4 汽车火灾事故的预防和应急处理

由于汽车使用的燃料都是易燃物品，且经常装运各种易燃易爆危险物品，汽车的火灾风险是非常高的，预防机动车辆的火灾事故，应当引起驾驶员、汽车所有人及货物装卸人员的高度重视。

汽车火灾事故的原因有人为火源引起、车辆电气设备引起、易燃油料引起和碰撞引起等。

产生火灾的三个条件：起火源的产生、起火源与可燃物相结合以及可燃物的供给。汽车的主要起火源有破损的配线发生短路、破损的蓄电池和端子接地短路、前照灯破裂、排气管、消声器、香烟火柴等，以及碰撞倾覆时车身与车身、车身与路面之间的摩擦。而在汽车发生火灾时，可燃物一般是燃料，如汽油、柴油。油箱破坏、加油盖或加油管脱落时，燃料就会泄漏。汽车上还有很多其他可燃物，如润滑油、配线包皮、座椅的纤维材料等。

漏油、漏电、接触电阻过大、化油器回火、超载、车载易燃物引发火灾、维修保养不当都可能引起汽车自燃；车主的故意行为、停车位置不当（麦草、火机）、明火烘烤柴油油箱会引燃汽车；碰撞起火、爆炸、雷击都会引起火灾。

由于火灾事故轻则使车辆报废，重则人员伤亡，带来的损失是非常大的，因而驾驶员在出车和行车中都要警惕汽车火灾的发生。

出车前，驾驶员应查看：

（1）低、高压电路是否短路、漏电、松动，短路、漏电、松动都可能产生电火花；检查化油器是否回火，油路是否有漏油现象；

（2）排气管有无“啪”和“突突突”的声音，这是因为燃油没有完全燃烧后就直接到排气管里去燃烧，一旦有火源，极易引起火灾和爆炸。

（3）电瓶通气孔是否堵塞，通气孔是用来释放电瓶充电过程中的氢气和氧气，如果堵塞，气体无法正常排出，压力达到一定时，容易发生爆炸，或者遇到火星就会燃烧爆炸。

（4）检查有没有配备灭火器及灭火器是否过期。应该根据车辆的大小选择相应的灭火器，小型轿车起码配备中型灭火器，而大型的客车、货车最好多配备几个大型灭火器，否则当车辆意外燃起熊熊大火时，杯水车薪的小灭火器控制不了火势的蔓延。

为预防人为原因造成的火灾，驾驶员及乘客应该做到以下几点：

（1）严禁在驾驶室和车厢内乱扔烟头、火柴，从而引燃坐垫或周围的易燃物；

（2）严禁在驾驶室内私自安装电炉丝、点烟器；

（3）严禁用火柴、打火机等有明火的工具查看油箱或漏油情况；

（4）严禁用沾有燃油的钢丝刷、化纤布、棉纱摩擦车上的金属机件；

（5）检修汽车时，应该把蓄电池上的电源线拆下，并将电线接头固定好。

汽车火灾发生时，针对不同的起火原因采用不同的处理方法，主要有以下几种情况：

（1）如果是汽车发动机引起的火灾，驾驶员应马上停车，让乘车人员下车，切断电源，关闭油箱及百叶窗，取下随车灭火器，扑灭火焰。

（2）如果是汽车车厢货物发生火灾，驾驶员应首先将汽车开出人员密集场所，防止火灾蔓延到其他场所，并迅速报警。当火势过于凶猛时，作为驾驶员应冷静劝说围观群众远离现场，以免发生爆炸事故，造成群众伤亡，发生惨剧。

（3）在加油过程中发生火灾，驾驶员应立即停止加油，以最快的速度将车驶出加油站，用灭火器或沾湿的衣服，棉被等将油箱上的火焰扑灭，也可看周遭地理状况，用沙土将地面上的火扑灭，记住，绝对不可用水来灭火，因为油比水轻，会浮于水面，使燃烧面积增大。

（4）汽车若是因为被撞发生火灾，第一要务是救人。强烈的碰撞可能已经导致驾乘人员伤亡严重，部分人员可能失去了自救能力，此时相互帮助非常重要，如果车门没有损坏，应立即打开车门让人员逃出，此时，驾驶员及乘客应关闭油箱侧的车窗，不让火焰从车窗窜入车内，并从车辆前后和油箱的另一侧门、窗口逃生。同时，驾驶员可利用扩张器、切割器、千斤顶等工具配合消防队救火。

3.5 危急时刻，如何是好

即便在出行前你已做好满分的安全准备，但可能仍然无法避免突如其来的灾难与危机，当困境出人意料地发生时，如何才能化险为夷，尽可能地保护自己呢？您知道如何自救，又如何帮助其他伤者吗？

1. 高速爆胎

无论遇到哪个轮胎爆胎都不能惊慌，更不能急踩、猛踩刹车，否则容易造成车辆更严重的跑偏，造成翻车等重大事故。驾驶员要紧紧拉住方向盘，保持车辆的直线行驶，轻点刹车，让车辆减速，然后控制车辆慢慢向道路右侧靠边停车。

2. 刹车失灵

刹车失灵后，可用手刹来进行刹车，但要操控得当，不能由于惊慌而去猛拉手刹。正确的方法是缓缓地拉起手刹手柄，分几次拉紧、松开、拉紧、松开，使车辆减速停下。特别需要注意的是，一定要同时按住手刹手柄的保险按钮，这样可以使手柄操作自如，防止拉紧时手刹锁死。手动挡车还可通过抢挡减速停车。抢挡一般直接抢入二挡，抢入后再松油门、抬离合器，这时车辆会有一种急刹车般的感觉，说明抢挡成功了。然后再伺机推入一挡，可以把电门关掉，利用发动机气缸压缩的作用使车辆停下。如果是在下坡等危险路段刹车失灵，为阻止车辆失控造成更大的事故，必要时可利用路边的沙泥堆、草堆、路沟、树林、岩石等障碍物给车辆阻力以停车。

3. 即将追尾

道路交通事故中，听到最多的事故就是汽车追尾，城市里经常出现两车追尾，而高速公路上更容易出现连环追尾现象，高速公路的追尾，往往要付出生命的代价。

驾驶员可运用车辆的ABS系统和人工ABS技术进行紧急避险。ABS技术即刹车的防抱死技术，在汽车的紧急刹车时可一定程度上保持车身稳定，防止出现侧滑、甩尾、跑偏，而且它在车辆急刹时还能发挥作用，使汽车的前轮保持导向，并可通过操控方向盘改变汽车惯性停车的位置。因此，当前后两车间的距离小于后车紧急刹车时的惯性距离时，后车可打方向绕避前车，而不是眼睁睁地看着车子撞上绝路。有些汽车并没有ABS功能怎么办呢？这时就要依靠驾驶员冷静的头脑和驾驶经验了，可采用人工ABS技术。我们知道紧急刹车后，由于车轮抱死，方向盘失去了导向功能，在眼看就要撞上去的危险时刻，可以果断松掉刹车，打方向，作紧急避险。

4. 汽车冲出路面

驾驶员可紧握方向盘，与车子保持同轴滚动，使身体不在车内来回碰撞，避免严重撞伤；副驾驶位的人员首先要抱住头部躺在座位上，或者双手握拳，用手腕护住前额，同时屈身抬膝护住腹部和胸部；后座的人最好就是迅速向前伸出一只脚，顶在前面坐椅的背面，并在胸前屈肘，双手张开，保护头面部，背部后挺，压在坐椅上，缓冲身体前冲的速度，从而减轻受害的程度。

第 4 章

汽车保险是什么

4.1 汽车保险的定义

4.1.1 汽车保险的概念

汽车保险的保险标的是汽车，保障汽车由于自然灾害或意外事故所造成的人员伤亡或财产损失，以及汽车所有人或其允许的合格驾驶人因驾驶该汽车发生意外事故所需承担的赔偿责任。

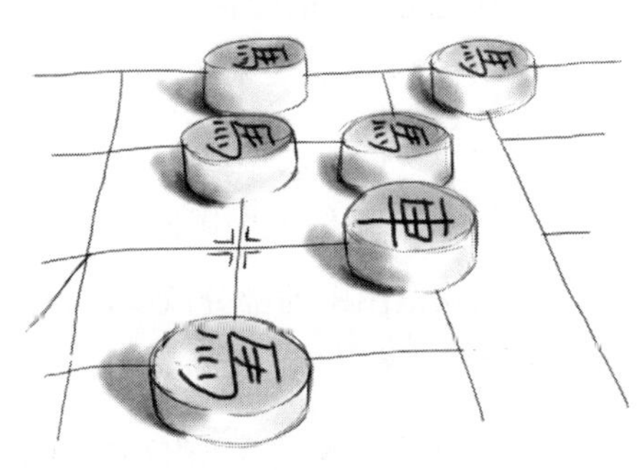

汽车保险属于财产保险的一种，起源于20世纪50年代，是一个相对年轻的险种，但是随着汽车业的飞速发展，短短几十年间，汽车保险已占据财产保险的最大份额。最早的汽车保险单出现在英国，1895年，英国的法律意外保险有限公司签发了世界上第一份汽车责任险保单，这也是世界上第一份汽车保险单。1898年，美国的旅行者保险公司签发了美国历史上的第一份汽车保险，这份保险保障的是马车撞坏汽车的赔偿责任，也就是说保护的是汽车，这是因为当时的美国只有4000多辆汽车，而马的数量达到了2000万匹，马车是当时的主要交通工具。随着汽车的逐渐普及，汽车保险的保险标的就变为汽车了。1927年，美国马萨诸塞州实施了汽车强制保险，即我国实行的“交强险”，这是世界上第一个强制执行汽车第三者责任保险的地区。1950年，中国人民保险公司创建了我国最早的汽车保险体系。但是因为当时对保险的争议很大，到1955

年中国人民保险公司就停止了汽车保险业务。直至1970年前后为满足驻华使馆人员对汽车保险的需要，才逐渐恢复汽车保险业务，到1980年，汽车保险在国内已经被广泛应用。1985年，我国首次制定机动车辆保险条款；2003年，全国人大常委会第五次会议通过《中华人民共和国道路交通安全法》，并于2004年实施，这是我国第一次通过立法形式强制实施机动车辆的第三者责任保险；2006年，国务院第127次常务会议通过《机动车交通事故责任强制保险条例》，通过国家法规强制机动车辆所有人或管理人购买责任保险，从而更好地保障交通事故的受害人。

汽车保险包括基本险、附加险和特约条款。基本险将一些风险和损失列为保险责任，在这个范围之内，保险公司负责赔偿，而超出部分是在基本险当中不保不赔的，属于责任免除的范围。基本险责任免除范围中的部分风险，也是可保风险，就是说如果单独收取保险费，保险公司也可以赚钱，保险公司就将它列入附加险的保险责任，加费加保。当然附加险的责任也是有限的，超出附加险的保险责任，还有一些仍然是可保风险，保险公司将它们列入特约条款，进一步加费加保。打个比方，基本险就像一个小筐子，价格低些但装的东西有限，要是觉得不够大，就多花点钱给这个小筐子加个边沿扩扩容，附加险就出来了，还嫌不够大，就再加个边，扩扩容，特约条款就出来了。当然，即使再扩容，容量也是有限的，大量的不可保的风险仍被列为汽车保险的除外责任。

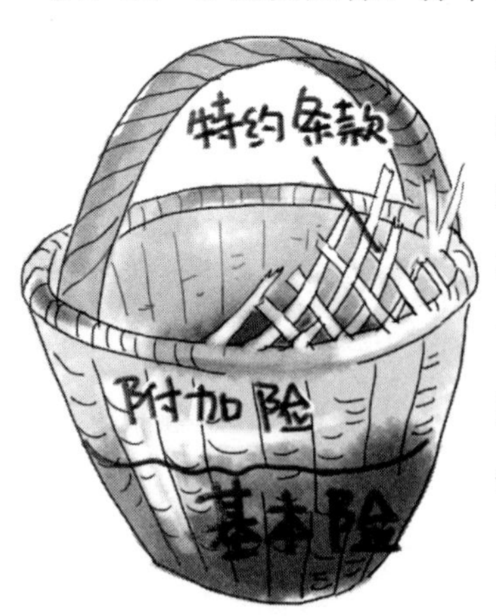

必须区别汽车保险与车险这两个概

念，车险指的是机动车辆保险，而不仅仅是汽车保险。车险，即机动车辆保险，指保险人对机动车辆由于自然灾害或意外事故所造成的人身伤亡和财产损失负赔偿责任的一种商业保险。机动车辆既包括汽车，也包括专用机械车、特种车，还包括电车、电瓶车、摩托车、拖拉机等。机动车辆保险涵盖汽车保险，这两个概念属于从属关系。

4.1.2 全险

“全险”不过是一个通俗的说法，保险合同中并没有这个概念。“全险”一词容易让人产生错觉，以为所有的风险都能够通过“全险”得到保障，或者所有的损失都能得到保险公司的赔偿，然而事实并非如此，依然有很多风险被排除在“全险”的保障范围之外，且并非所有附加险都包含在“全险”内。保险公司的汽车保险险种非常多样，消费者面对的风险各异，需求也是千变万化，因此选择车险需因人而异，不可能存在所谓的“全险”。

“全险”不是一个险种，而是指比较全面的车险保障，按照一般的理解，如果包括了四个基本险和几种常见的附加险，如玻璃单独破碎险、车身划痕损失险、自燃损失险、基本险不计免赔率特约条款、附加险不计免赔率特约条款，就可以称为“全险”了。

购买“全险”后，是否车辆的一切损失保险公司都能给予赔

偿呢？前些日子，姜先生开着车在高速公路上行驶，忽然一只飞鸟迎面撞上车前大灯，结果灯损鸟亡。愤怒的小鸟撞碎汽车大灯，保险公司却拒绝赔付，原因是姜先生投保的险种不含“车灯单独损坏险”，因此不在保险公司的理赔范围内，姜先生自然得不到赔款。

购买“全险”后依然有很多情况是保险公司不负责赔偿的。比如，驾驶人蓄意造成车辆损毁、故意导致交通事故的，保险公司不负责赔偿，因为这种情况下，保险公司一旦赔付容易引发道德风险，诱使其他驾驶人也通过故意制造事故的方式来骗保；投保车辆在收费停车场或者营业性修理厂丢失，保险公司不负责赔偿，因为保险公司认为这是停车场或修理厂的责任。例如，小王开车去修理厂做车辆保养，刚开进厂里就不小心撞上了防护栏，结果爱车和防护栏均被撞坏，保险公司对此拒绝赔付，理由是修理厂内出险，不在保险公司承保责任范围内。大多数保险公司对车内物品的丢失也不承担赔偿责任，只有少数几家保险公司承诺对车内的特殊物品进行承保。此外，驾驶人酒后驾车、无照驾驶，行驶证、驾照没有通过年检的，保险公司不赔偿；被保险车辆没有投保交强险的，保险公司不赔偿；驾驶人在车辆涉水深处强行打火，导致发动机损坏的，保险公司不赔偿；被保险人私自决定不要求事故责任方进行赔偿的，保险公司不赔偿；等等。

4.2 基本险

基本险又称主险，是可以单独购买的保险，一般包括四类，即车辆损失险、第三者责任保险、车上人员责任险和全车盗抢险。

4.2.1 车辆损失险

车辆损失险，顾名思义，如果投保的车辆发生了汽车本身的损失，保险公司负责赔偿。但不是所有事故造成的损失保险公司都赔偿，主要由以下事故造成的损失保险公司才负责赔偿，包括最常见的碰撞、倾覆、火灾、爆炸、外界物体倒塌、行驶中平行坠落、空中运行物体坠落。车辆损失险还承保一些自然灾害所造成的汽车本身的损失，包括雷击、暴风、龙卷风、暴雨、洪水、海啸、地陷、冰陷、崖崩、雪崩、雹灾、泥石流和滑坡所造成的损失。

车损险的责任免除一般包括地震、战争、军事冲突、恐怖活动、暴乱、扣押、罚没、查封、政府征用、核反应、核污染、核辐射，本车所载货物的撞击、腐蚀，以及自燃及不明原因火灾，将其列为除外责任是因为这些风险和损失会超过保险公司的控制能力。除外责任可以分为三类：第一类是巨灾，如地震和核污染。之所以要列为除外责任，是因为地震和核子辐射等巨灾风险是保险公司所无法承受的，比如大地震所造成的巨额损失是一家保险公司无法承担的，一次大地震的索赔就足以导致保险公司破产。第二类是保险公司无法控制的风险和损失，不能准确计算出事故发生的概率。比如军事冲突、恐怖活动或暴乱是否会发生，规模多大，都难以估测，用以精算的条件不够，所以一般也不能承保。第三类是与投保人或被保险人一方的行为有密切关系的风险和损失。比如扣押和罚没、不明原因的火灾，再比如，本车所载货物的撞击、腐蚀和被保险人在车上装载什么样的货物、怎么装载有直接的关系，而这些却又常常超出保险公司的控制范围，保险公司将它们列为除外责任的目的主要在于规避投保人和被保险人一方的道德风险。

车损险的除外责任还包括：保险车辆因遭水淹或因涉水行驶

致使发动机损坏，比如“7·21”北京暴雨之后，很多车主在汽车浸水熄火后强行发动，导致发动机“报销”，这种情况下保险公司不予赔偿，但是汽车停在小区或者地下车库等静止状态下被水淹，保险公司会按照自然灾害进行赔付；保险车辆全车被盗窃、抢劫、抢夺，以及在全车被盗窃、抢劫、抢夺期间，或由于被盗窃、抢劫、抢夺未遂受到损坏或车上零部件、附属设备丢失；遭受保险责任范围内的损失后，未经必要修理继续使用，致使损失扩大的部分；新车车辆出厂时的原厂配置以外新增设备的损失；市场价格变动造成的贬值、修理后因价值降低引起的损失；被保险人因保险车辆不能使用所遭受的损失，以及发生的费用；因污染引起的损失或费用；停车费、保管费、扣车费及各种罚款；保险车辆的损失中应当由交强险赔偿的部分；保险单约定的免赔额以及根据保险单约定的免赔率计算的被保险人应当自行承担的损失部分；保险车辆的自然磨损、朽蚀、电气机械故障；倒车镜单独损坏、车灯单独损坏、玻璃（不包括天窗玻璃）单独破碎、车身表面油漆单独划伤、车轮（包括轮胎及轮毂）单独损坏。车轮单独损坏就是未发生车辆其他部位的损坏，只是车轮单独损坏的情况，保险公司是不赔的；如果除了轮胎外，还有其他部位的撞损，保险公司就会赔偿；如果由于轮胎爆裂而引起的碰撞、翻车等事故，造成车辆其他部位的损失，保险公司也负责赔偿。

对于车损险的“除外责任”，在实际应用中常常出现争议。例如，老鼠钻进发动机，保险公司该不该赔？北京市民朱女士驾驶车辆时出现故障，经过4S店的检查，发现是老鼠进入发动机，导致发动机变形，无法运转造成的。朱女士为此花费了7万余元，向保险公司申请理赔，却遭到拒绝，原因是保险公司认为“老鼠进入发动机”不在理赔范围内。据了解，小型动物，尤其是老鼠造成车辆损坏的事件时有发生，对于“动物啃咬”造成的车辆损失，无论在保险条款的保险责任还是免责部分均未被列出。保险公司认为“动物啃咬”未包含在保险责任部分，则不应理赔；而投保人认为“动物啃咬”未在责任免除部分出现，故不属于责任免除范围，应当理赔。基于《保险法》的规定，当对格式合同条款有两种以上解释时，应当作出不利于提供格式条款方即保险公司的解释，因此大多数情况下，法院判保险公司赔偿投保人因“动物啃咬”造成的车辆损失。

此外，被保险车辆必须严格遵守交通规定，只有合格车辆才能在发生意外事故时获得保险公司的赔偿。被保险车辆有以下情形之一的，保险公司不负赔偿责任：除另有约定外，发生保险事故时无公安机关交通管理部门核发的行驶证、号牌，或临时号牌或临时移动证；未在规定检验期限内进行机动车安全技术检验，或检验未通过；保险车辆处于竞赛、检测、修理、养护、被扣押、征用、没收期间；所有权发生转移，未向保险公司办理批改手续。车辆的所有权发生转移应该及时向保险公司办理批改手续，主要是为了控制风险，因为不同的车主，风险肯定是不一样的，所以车辆转让一定要通知保险公司，否则保单将失去效力，保险公司在事故发生后会拒绝赔偿。

对于被保险车辆的驾驶人也有相应的要求，驾驶人必须取得相应资格和能力，驾驶人有以下情形之一的，保险公司不负赔偿责任：未依法取得驾驶证、驾驶证审验未合格、依法应当进行体检的未按期体检或体检不合格、驾驶与驾驶证载明的准驾车型不符的机动车的；驾驶人在驾驶证丢失、损毁、超过有效期或被依法扣留、暂扣期间，或记分达到12分仍驾驶机动车的；学习驾驶时无教练员随车指导的；实习期内驾驶公共汽车、营运客车或执行任务的警车、消防车、救护车、工程救险车以及载有爆炸物品、易燃易爆化学物品、剧毒或者放射性等危险物品的机动车，或驾驶机动车牵引挂车的；饮酒或服用国家管制的精神药品或麻醉药品的；未经被保险人同意或允许而驾车的；利用保险车辆从事犯罪活动；事故发生后，被保险人或其允许的驾驶人在未依法采取措施的情况下驾驶保险车辆或者遗弃保险车辆逃离事故现场，或故意破坏、伪造现场，毁灭证据的；使用各种专用机械车、特种车的人员无国家有关部门核发的有效操作证，驾驶营业性客车的驾驶人无国家有关部门核发的有效资格证书；依照法律法规或公安机关交通管理部门有关规定，不允许驾驶保险车辆的其他情况下驾车。

4.2.2 第三者责任险

机动车辆第三者责任险是指在保险期间内，被保险人或其允许的合法驾驶人在使用保险车辆过程中发生意外事故，致使第三者遭受人身伤亡和财产的直接损毁，依法应由被保险人承担的经济赔偿责任的保险。第三者指投保人和保险人之外的第三方。

“被保险人或其允许的合法驾驶人”这项规定很严格，如果被保险人把自己的车借给一个没有驾照的人开，出了责任事故，保险公司是不赔的。“在使用保险车辆过程中发生意外事故”这项规定也很严格，即一定是在使用保险车辆过程中发生的意外事故。比如曾经有一个案例，被保险人的一辆小轿车中午停在小区，发生了自燃，一辆停在旁边的中巴车，也给连带着烤着火了。虽然小轿车车主对中巴车的损失负有赔偿责任，但保险公司是不会替小轿车车主承担中巴车的损失的，因为这不是小轿车在“使用过程中”发生的意外事故，小轿车在意外事故发生时停在停车场，而不是在“使用过程中”。

“致使第三者遭受人身伤亡和财产的直接损毁”这项规定隐含了一个要求，即第三者不能是被保险人或其允许的驾驶人，以及他们的家庭成员。以上三类人员的人身伤亡，以及其所有或保管的财产的损失，是不能得到保险公司赔偿的。同时，车上人员的人身伤亡或本车上的财产损失也不是保险公司在第三者责任保险中应承担的赔偿责任。这项规定的目的主要是为了防止道德风险。撞了外人给赔，原因是保险公司的赔款不会进入致害者的腰包，而是给了受害者，致害者不能获得任何经济上的好处。但如果撞了家里人也给赔，保险公司的赔款就进了致害者自己的腰包，这就会对家庭成员的人身安全构成威胁。虽然这种事情发生的概率极低，但仍然不可避免。保险作为一种互助机制，要尽量避免道德风险的发生，起码不能造成对人民生命和财产构成威胁的道德风险，否则就偏离了保险制度的本意。

曾有这样一个案例，安徽人小杨，25岁，几年前来到浙江宁波打工，并在那里成家立业，娶了媳妇，很快又有了一个可爱的女儿。小杨非常疼爱女儿，一次他开着小货车去办公，仍不忘带上女儿，到达目的地，车子停稳后，他发现车子没有停好，于是把一岁多的小女儿放在地上，嘱咐她站在原地别动，自己重新上车，准备再倒一次车。可是粗心的小杨上车之后，居然忘记了女儿还站在车后，他挂了倒车挡，松开刹车，车子慢慢后退。一岁多的小女孩完全意识不到后退的车子会带来什么样的危险，而小杨的货车又没有倒车雷达，看不到车后的情况。就这样，悲剧发生了，身为父亲的小杨，亲手将车子碾过了女儿幼小的身躯。当小杨想起女儿还在车后，赶紧下车查看时，小女孩已经躺在地上一动不动，血肉模糊，

最终因抢救无效早早地离开了人世。悲痛过后，小杨想起向自己投保车辆保险的保险公司提出索赔，但是保险公司以“保险合同中明确规定，对被保险人或驾驶人以及他们的家庭成员的人身伤亡，保险人不负责赔偿”为由，拒绝赔付。最终，在法官的调解下，双方当事人达成协议，由保险公司支付小杨保险金22.5万元。

此外，第三者责任险承担的责任仅限于第三者遭受人身伤亡和财产的“直接”损毁，也就是说，保险车辆发生事故致使第三者停业、停驶、停电、停水、停气、停产、通信或网络中断、数据丢失、电压变化造成的损失，以及其他各种间接损失，保险公司一律不赔。比如一辆车撞进了一家理发店，直接造成理发店人身伤亡和财产损失，保险公司是要赔的，但因为撞击导致理发店歇业了，因为歇业所造成的间接损失，保险公司是不赔的。

“依法应由被保险人承担的经济赔偿责任的保险”这项规定要求被保险人的赔偿责任需要有明确的法律依据，比如交警出具的文件、法院的裁定等，而且仅限于经济责任，其他的民事责任和刑事责任保险公司一律不予承担。

第三者责任险的除外责任包括车载货物掉落、泄漏、腐蚀造成的任何损失和费用，因污染引起的损失和费用。比如北京市西三环曾发生过一起因卡车油料泄漏，导致十几辆汽车连环碰撞的事故，保险公司是不会为卡车司机应承担的对其他受损车辆的民事损害赔偿责任买单的。此外，第三者责任险不赔偿的还有第三者财产因市场价格变动造成的贬值、修理后因价值降低造成的损失；不赔有关的停车费、保管费、扣车费及各种罚款；更不赔偿保险事故引起的任何有关精神损害的赔偿。

4.2.3 车上人员责任险

车上人员责任险保障的是保险期间内，被保险人及其允许的合法驾驶人在使用保险车辆过程中发生意外事故，致使被保险车辆车上人员遭受人身伤亡，对依法应由被保险人承担的经济赔偿责任，保险公司按照保险合同的规定负责赔偿。

只要是发生交通事故造成的车上人员人身伤亡或者产生的医疗费用，保险公司都按保险合同的规定进行赔偿。这里所指的车上人员不排除车主和司机的家属。驾驶人可能出于好心让别人搭车，而一旦出了车祸，驾驶人就需对该车乘客负有民事损害赔偿责任，买了车上人员责任险之后，就由保险公司承担一部分损失。车上人员责任险属于财产保险中的责任保险，虽然看起来保障的是人身伤亡，但实际上保障的是被保险人因乘客搭乘自己的汽车而可能出现的民事损害赔偿责任。

车上人员责任险的除外责任和车损险差不多，特别强调的是如果受害人与被保险人或其允许的驾驶人恶意串通，保险公司一旦查证属实，就不会赔偿。其他的责任免除条款包括：因违章搭乘造成的人身伤亡，比如超载，五座的车坐了八个人；被保险人或驾驶人的故意行为造成的人身伤亡，比如故意撞墙；投保人及驾驶人以外的其他车上人员的故意行为造成的自身伤亡；保险车辆被抢夺、抢劫过程中造成的人身伤亡；保险事故引起的任何有关精神损害赔偿；应当由交强险赔偿的损失和费用；根据保险单约定的免赔率计算的被保险人应当自行承担的部分；本车上的人员因疾病、分娩、殴斗、自残、自杀、犯罪行为所致的自身伤亡；车上人员在车下时所受的人身伤亡。在实际赔偿的过程中，一般以车门为界，落地之后就不再是车上人员。保险公司在保险合同中这样规定实际上还是希望促使乘客下车的时候小心些，只要车停的位置恰当，乘客等车停稳再下，并向车后方多看上两眼，一般就不会出现意外了。

4.2.4 全车盗抢险

全车盗抢险的保险责任包括：被保险车辆全车被盗窃、抢劫、抢夺，经县级以上公安部门立案侦查，自立案之日起满两个月未查明下落的；被保险车辆在全车被盗窃、抢劫、抢夺后受到损坏或因此造成车上零部件、附属设备丢失需要修复的合理费用；以及被保险车辆在全车被抢劫、抢夺过程中，受到损坏需要修复的合理费用。

全车盗抢险的保险条款中明确规定，“非全车遭盗窃、抢劫、抢夺，仅车上零部件或附属设备被盗窃、抢劫、抢夺、损坏”的属于除外责任。盗抢险的保险标的是车辆本身，如果车内的其他财产被盗抢，比如现金、笔记本电脑等，也包括后备箱内的东西丢失，保险公司都不负责赔偿。零部件丢失，比如发动机被撬，保险公司也不是一概不赔，对于保险车辆在全车被盗窃、抢劫、抢夺后受到损坏或因此造成车上零部件、附属设备丢失，需要进行修复的合理费用，保险公司负责赔偿。这是在被盗车辆最后被追回的情况下，否则，如果被盗车辆无法追回，保险公司则应按约定赔偿全车损失。但是，在被盗窃、抢劫、抢夺期间，保险车辆发生交通事故造成第三者人身伤亡或者财产损失的，保险公司不负责赔偿。除一般车险的除外责任外，在盗抢险中，因民事、经济纠纷导致保险车辆被盗窃、抢劫、抢夺，保险公司也是不赔的。另外，为了防止道德风险，承租人或经承租人许可使用保险车辆的驾驶人与保险车辆同时失踪

的，保险公司也不赔。

被盗抢的保险车辆找回后，如果保险人尚未赔款的，应将该车辆归还被保险人，但是全车被盗抢期间，车辆受到的损坏或车上零部件、附属设备丢失需要修复的合理费用，保险公司负责赔偿；如果保险人已经赔偿，应将车辆归还被保险人，同时收回相应赔款，若被保险人不愿收回原车，则保险金归还被保险人，但车辆的所有权益一律归保险公司所有。

4.3 交强险

第三者责任险分两大类，即商业第三者责任险和交强险，上文已经介绍了商业第三者责任险，下面简单介绍交强险。

所谓交强险，全称是“机动车交通事故责任强制保险”，是指由保险公司对被保险机动车发生道路交通事故造成本车人员、被保险人以外的受害人的人身伤亡、财产损失，在责任限额内予以赔偿的强制性责任保险。交强险从2006年7月1日《机动车交通事故责任强制保险条例》（以下简称《交强险条例》）颁布后开始实施，是我国首个由国家法律规定实行的强制保险制度。按照《交强险条例》的要求，不论被保险人在交通事故中是否负有责任，保险公司均应在责任限额内予以赔偿。另外，根据条例规定，在中国境内道路上行驶的一切机动车的所有人或管理人都应当投保交强险，否则不得在道路上行驶，一经发现，将扣留该机动车，并处以应缴保费2倍的罚款。投保人应到保监会批准授权的中资保险公司及其代办机构投保交强险，每辆机动车只能投保一份交强险，而购买多少金额的商业车险则完全取决于投保人个人。

2004年实施的《道路交通安全法》首次提到建立机动车第三者责任强制保险制度，并设立了“道路交通事故社会救助基金”，这是我国交强险制度的前身。2006年国务院颁布的《交强险条例》中正式将机动车第三者责任强制保险定名为“交强险”。紧接着，交强险的配套法律法规相继出台，2006年，保监会发布《机动车交通事故责任强制保险业务单独核算管理暂行办法》；2007年，保监会又发布《机动车交通事故责任强制保险费率浮动暂行办法》。随着法律法规的完善，配套措施的实行，交强险制度快速在我国普及开来。2012年3月30日，国务院第618号令公布对《交强险条例》的修改决定，本次修改只做了一处修订，即将旧版中允许从事交强险业务的保险公司限于“中资保险公司”的“中资”二字去掉，这项修改意味着今后外资保险公司也可以从事交强险业务。

交强险与商业三者险主要有三点区别。首先，交强险是强制执行的，“强制”不仅仅体现在一切机动车的所有人或管理人都应当投保，同时，保险公司也不得拒绝承保、故意拖延、随意解除交强险保险合同。而商业三者险则完全体现了平等、自愿的原则，投保人根据自己的意愿选择是否投保，投保多少金额，保险公司也有权力拒绝承保。其次，交强险的保障范围较商业三者险更为广泛，交强险中无论被保险人在交通事故中是否承担责任，保险公司都会给予损害赔偿，而商业三者险中只要被保险人在交通事故中无责任或者无过错，保险公司就不承担赔偿责任，且商业三者险的条款中通常列明许多项“责任免除”，都是保险公司不承担赔偿责任的情形。最后，交强险实行全国统一的保险条款和基础费率，保险公司没有变通的余地，而对于商业三者险，保险公司可以在一定的范围内自行裁量费率上下浮动。

2012年8月10日，中国保险行业协会公布数据，2011年度交强险经营亏损达92亿元，其中承保亏损112亿元、投资收益20亿元。交强险自2006年实行以来，已连续5年半亏损。交强险的经营理念是“不盈不亏”，当然目前该险种的经营处于亏损状态，但这恰好充分说明保险公司承保交强险业务绝不以营利为目的，国家强制执行交强险的目的主要是为了更好地保护交通事故的受害人，确保其能够获得及时的医疗救治和有效的经济赔偿。交强险减轻了交通事故责任方的经济负担，避免因事故责任方无力承担赔偿责任而导致受害方无法得到及时救治，最大限度地保障受害一方的基本权利。交强险履行了社会管理的职能，对社会的稳定与和谐具有重要作用。

4.4 附加险

附加险是主险的附加产品，如果车主想投保附加险，必须在投保主险以后才能购买。汽车保险的附加险很多，比如有玻璃单独破碎险、车身划痕损失险、自燃损失险、基本险不计免赔率特约条款、附加险不计免赔率特约条款、车辆停驶损失险、代步车费用险、新增加设备损失险、车上货物责任险、车载货物掉落责任险、附加油污污染责任险、交通事故精神损害赔偿险、全车盗抢附加高尔夫球具盗窃险、特种车特约险、多次事故免赔特约等。下面介绍几种常见的附加险。

玻璃单独破碎险是车辆损失险的附加险，已投保车辆损失险的车辆方可投保该附加险。在保险期间内，保险车辆在使用过程中，发生本车挡风玻璃或车窗玻璃的单独破碎，保险公司按实际损失赔偿。保险条款规定，玻璃单独破碎是指未发生被保险机动车其他部位的损坏，仅发生被保险机动车前后挡风玻璃和左右车窗玻璃的损坏。灯具、车镜玻璃破碎，以及安装、维修车辆过程中造成玻璃的破碎都不属于玻璃单独破碎险的赔偿责任范围。灯具和车镜玻璃破碎不予承保的原因是这些损失比较小，而且不容易定损；而安装和维修过程中造成的玻璃破损，是维修人员的责任，应由维修人员承担损失。

车身划痕损失险，指在保险期间内，保险车辆发生无明显碰撞痕迹的车身表面油漆单独划伤，保险公司按实际损失负责赔偿。车身划痕损失险的除外责任包括：被保险人或驾驶人的故意行为造成保险车辆的损失；他人因与被保险人或驾驶人及其家庭成员发生民事、经济纠纷造成保险车辆的损失；车身表面自然老化、损坏；以及其他不属于保险责任范围内的损失和费用。保险公司一般每次赔偿实行15%的绝对免赔率，也就是说车主要自己承担15%的损失，剩下部分再由保险公司赔偿；而且划痕险都有一个最高累积限额，在保险期间内，保险公司赔偿金额累计达到赔偿限额时，保险责任就终止，再出现划痕保险公司就不负责赔偿。

自燃损失险，指在保险期间内，保险车辆在使用过程中，在没有外界火源的情况下，因本车电器、线路、油路、供油系统、供气系统发生故障及运载货物自身原因起火燃烧，造成保险车辆的损失，以及被保险人在发生本保险事故时，为减少保险车辆损失所支出的必要合理的施救费用，保险公司负责赔偿。外界火源造成的车辆燃烧，虽然自燃损失险不能赔偿，但车损险会负责赔偿。自燃损失险的责任免除包括：被保险人在使用保险车辆过程中，因人工直接供油、高温烘烤等违反车辆安全操作规则造成的损失；因自燃仅造成电器、线路、油路、供油系统、供气系统的损失；运载货物的损失；被保险人的故意行为或违法行为造成保险车辆的损失。自燃损失险每次赔偿一般实行20%的绝对免赔率。

车辆停驶损失险，指在保险期间内，保险车辆在使用过程中，因发生车辆损失险所承保的保险事故，造成车身损毁，致使保险车辆需进厂修理，在保险车辆停驶的这段期间所发生的损失，保险公司按保险合同规定在赔偿限额内负责赔偿。车辆停驶损失险的责任免除条款有：车辆被罚没、扣押、查封期间的损失；因车辆修理质量不合要求，造成返修期间的损失；以及其他附加险项下发生保险事故时造成车辆停驶的损失。在保险期间内，车辆停驶损失险赔偿天数累计计算，一般约定的最高赔偿天数为90天。赔偿限额以投保人与保险公司投保时约定的赔偿天数乘以约定的日赔偿金额为准，全损就按保险单约定的最高赔偿天数计算赔偿金额。一般来说，每次事故的绝对免赔额为一天的赔偿金额。

其他一些附加险，包括代步车费用险，承保的是车辆发生保险事故后需进厂修理，被保险人租用代步车发生的费用；新增加设备损失险，承保的是车上新增加设备的直接损毁造成的损失；车上货物责任险，承保的是车辆发生保险事故，被保险人所应承担的车辆上所载货物的损失；车载货物掉落责任险，承保的是保险车辆所载货物从车上掉落造成第三者人身伤亡或财产的直接损毁，依法应由被保险人承担的经济赔偿责任；附加油污污染责任险，承保的是由于保险车辆或其他机动车辆自身油料或所载油料泄漏造成道路路面的污染损失及清理费用，依法应由被保险人承担的经济赔偿责任；交通事故精神损害赔偿险，承保的是在保险期间内，保险车辆在使用过程中，因发生交通事故，致使第三者的伤残、死亡或怀孕妇女意外流产，受害方据此提出精神损害赔偿请求，依照法院判决应由被保险人承担的精神损害赔偿责任；全车盗抢附加高尔夫球具盗窃险，承保的是在保险期间内，被保险人存放于保险车辆之中的高尔夫球具与保险车辆同时遭受盗窃、抢劫、抢夺，以及车辆失窃寻回后的球具丢失。

4.5 汽车保险条款

2007年开始，为了规范一度混乱的车险市场，中国保险行业协会牵头设计了A、B、C三款车险条款，作为车险条款的范本，各家保险公司在这三款车险条款的基础上设计出各自的车险条款。选择同一款车险条款的不同保险公司的车险产品几乎大同小异，其产品和费率基本一样，差别主要体现在服务上。表4-1罗列了分别选择A、B、C三款车险条款的各家保险公司。

表4-1　　A、B、C三款车险条款使用者

条款类型	开发者	使用者
A款	人保	人保、中华联合、大地、天安、永安、安邦、华泰、阳光、大众、国寿财险等
B款	平安	平安、华安、太平、永诚、阳光农业、都邦、渤海、华农、民安、安诚等
C款	太平洋	太保、安华农业、中银保险

这三款车险条款分别由人保、平安、太保三家大保险公司根据自己的经验和数据设计出来，然后再由保险行业协会会同其他各家保险公司协商取舍其中的具体内容，使之成为适用性更强的保险条款。A、B、C三款车险条款均由车辆损失险、商业第三者责任险、盗抢险、车上人员责任险、附加险条款和特约条款构成。A款车险中还有一个特种车条款，特种车指救护车、消防车、油罐车、警车等，由于跟普通投保人关系不大，因此没有在表4-2中列出。

表4-2　　　　A、B、C三款车险产品的构成

<table>
<tr><th>款系</th><th>车辆损失险条款</th><th>商业第三者责任险</th><th>盗抢险</th><th>车上人员责任险</th><th>附加险条款</th><th>特约条款</th></tr>
<tr><td rowspan="3">A款</td><td>家庭自用汽车损失保险</td><td rowspan="3">机动车第三者责任保险</td><td rowspan="3">机动车盗抢保险</td><td rowspan="3">机动车车上人员责任保险</td><td>玻璃单独破碎险</td><td>可选免赔额特约条款</td></tr>
<tr><td>非营业用汽车损失保险</td><td rowspan="2">车身划痕损失险</td><td rowspan="2">不计免赔率特约条款</td></tr>
<tr><td>营业用汽车损失保险</td></tr>
<tr><td>B款</td><td colspan="6">总则+主险（车辆损失险、商业第三者责任险、全车盗抢险、车上人员责任险）＋附加险（玻璃单独破碎险、车身划痕损失险、车损免赔额特约条款、基本险不计免赔率特约险）＋通用条款</td></tr>
<tr><td rowspan="2">C款</td><td>机动车损失保险</td><td>机动车第三者责任保险</td><td>机动车全车盗抢损失保险</td><td>机动车车上人员责任保险</td><td>玻璃单独破碎险</td><td>车损免赔额特约条款</td></tr>
<tr><td></td><td></td><td></td><td></td><td>车身油漆单独损伤险</td><td>基本险不计免赔特约条款</td></tr>
</table>

从表4-2可以看出，保险行业协会提供的A、B、C三款基本条款中，分别提供了盗抢险、车上人员责任险的主险和附加险两套条款，而保险责任和费率完全相同，供各公司自主选择。这样一来，即使两个保险公司的车险都属于A款车险，但甲公司可能将盗抢险或车上人员责任险列为可单独购买的主险，乙公司则将盗抢险和车上人员责任险列为附加险。如果车主选择乙公司的产品，就必须在买了车辆损失险的基础上才能买盗抢险，在买了商业第三者责任险的基础上才能买车上人员责任险，若车主只想买一个盗抢险，或者只买一个车上人员责任险是不可以的。

A款车险的附加险中有玻璃单独破碎险和车身划痕损失险，特约条款中有可选免赔额特约条款、不计免赔率特约条款。B款的附加险包括玻璃单独破碎险、车身划痕损失险、基本险不计免赔率特约条

款。C款的附加险则包括玻璃单独破碎险、车身油漆单独损伤险，并设置了车损免赔额特约条款和基本险不计免赔特约条款。

A款的车辆损失险根据投保车辆的用途划分为家庭自用、非营业用和营业用汽车三类，有不同的条款相对应，车辆是何用途，投保时也应对号入座。A、C款明确相关法律费用属于免除责任，即投保人和别人打官司的钱，保险公司一律不出；B款明确不赔因保险车辆不能使用所造成的相关费用，但保险公司一般会设计车辆停驶损失险和代步车费用险两个附加险作为补充；C款只赔列明的灾害，其实际效果与A、B款基本一致。

A款车险的商业三者险，保险责任包括受害人的故意行为，比如前车故意挑逗后车，造成追尾；B、C款则将之列为除外责任。还可以发现，C款中将投保车辆改变使用性质而未在保险公司办理相关手续造成的损失列为责任免除，A、B款则将这项规定体现在被保险人的义务里。C款商业三者险的保险责任包括被保险人或允驾人的家庭成员，A、B款则排除了家庭成员。B款强调说明属于免赔率范围的费用属于除外责任，A、C款虽然未明确说明，但实际操作与B款一致。

三款车险中全车盗抢险的条款差别不大。A、B款对自然灾害等免责做出明确说明，C款未做出明确说明；A、B款新增了饮酒、吸毒的免责条款，C款则没有；A款责任免除含家庭成员的故意违法行为，B、C款则没有此项；A款在教练期间不赔，但有教练车特约条款附加险作为补充；C款规定在展览、改装、运输期间造成的损失不赔；A、B款均不赔偿保险车辆被盗造成的人员人身伤亡和财产的间接损失。A、B两个条款中酒后丢车免赔，而C款里面没有相关规定。之所以将喝酒与丢车相联系，是因为驾驶员饮酒、吸毒驾车不仅威胁交通安全，同时也更容易丢车。比如一个人在醉酒状态之下更可能不锁车门，不拔钥匙，或者把车停在不安全的地方，这些都会导致车辆更加容易丢失。

4.6 购买汽车保险的流程

第一步，投保人想好要买的车险险种，主险要哪些，附加险要哪些，然后确定各险种的保险金额。

第二步，选择合适的保险公司和购买渠道。车险最好在车辆的使用地购买，虽然大的保险公司都提供异地赔付服务，而一旦异地索赔，会比较麻烦。还要考虑价格因素，交强险的价格是全国统一的，但商业险在不同地区价格有较小的差别。比如，以A款险为例，一辆家庭自用6座以下20万元的新车，按新车购置价投保，北京的车损险基础保费是539元，费率是1.28%，总保费是539＋200000×1.28%＝3099元，打7折后是2169元，10万元保险金额的商业第三者责任险的保费是877元；上海的车损险基础保费也是539元，费率是1.41%，总保费是539+200000×1.41%＝3359元，打7折后是2351元，10万元保险金额的商业第三者责任险的保费是903元；内蒙古的车损险基础保费是630元，费率是1.50%，总保费是630+200000×1.50%＝3630元，打7折后是2541元，10万元保险金额的商业第三者责任险的保费是1026元；青岛的车损险基础保费和内蒙古一样，也是630元，费率也和内蒙古一样，为1.50%，总保费是630+200000×1.50%＝3630元，打7折后也是2541元，但是10万元保险金额的商业第三者责任险的保费是1013元，比内蒙古低13元。所有的费率都是根据各地以前的出险概率和损失金额的统计数据计算出来的，精算师根据过去发生损失的数据推测未来发生损失的概率以及损失的大小，然后厘定一个费率，依据这个费率收取保费，保证保险公司在下一个会计年度收支相抵。通过上面的计算，能够看出同一款车险在不同地区保费是不同的，投保人需要进行比较和取舍，到底是选择在当地投保带来的便利，还是选择异地投保带来的价格优势。

第三步，签单。这个过程可以表述为投保人缴纳保险费，保险公司签发保单。如果是一个精明的投保人，一定会根据保险行业协会的费率表和费率浮动表算一算，自己应该缴的保费大概是多少，做到心中有数。保险合同的条款中明确规定，保险费缴清前发生的保险事故，保险人不承担赔偿责任，所以保险合同一旦确定，投保人最好及时缴清保费。

第四步，把交强险的标志贴到保险车辆前挡风玻璃的右上方，在验车的时候，把交强险保单内的“公安交管部门留存联”交给公安交管部门留存。交强险脱保几天并不影响验车，但影响到保障，出了事故投保人只能自己承担，而且如果在脱保期间仍然在道路上行驶，一旦被交警查到，被罚款不说，车辆还会被有关部门扣留。

第五步，合同变更。保险合同条款规定，保险合同的内容如需变更，须经保险人与投保人书面协商一致。最常见的是被保险机动车辆转让给他人的情况。如果发生车辆转让，投保人应当书面通知保险人并办理批改手续；如果没有发生实质性转让，汽车保险可以继续有效；如果发生了实质性转让，商业车险就自动无效了，这一点在商业车险条款中已经表示得非常明确了，但交强险有时仍然有效，因为交强险条款虽然规定“被保险机动车所有权发生转移的，投保人应当及时通知保险人，并办理交强险合同变更手续”，但是交强险条款却没有明确不办理交强险合同变更手续的法律后果，有时候保险公司出于对受害者利益的保护，也会理赔。此外，如果车辆不过户，原车主的麻烦可能会更大，因为在不过户的情况下，新车主一切和该车有关的民事和刑事责任，一律都连带着原车主。比如说违反交通规则，撞了人，开着车违法犯罪，肇事逃逸，原车主都会受到牵连，所以车辆转让后，车主一定要办理车辆过户手续。

汽车保险条款对转让有明确的定义，转让是指“以转移所有权为目的，处分被保险机动车的行为”。被保险人以转移所有权为目的，将被保险机动车交付他人，但未按规定办理转移，也就是过户登记的，视为转让，就是所谓的实质性转让。当车辆所有权发生实质性转让，即使没有按规定办理过户登记，在保险中也视为转让，但如果没有办理保险变更手续，保险公司一样不赔。变更保单的方法非常简单，保险公司根据车主的要求加一个批单就可以了。如果投保人找不到保单了，商业险好办，补一张保单即可，还无须花钱，但如果找不到交强险的单子，就不能合法过户。投保人自己去保险公司补办商业车险的保单，只要拿着身份证到原来出单地点再办一张；如果投保人授权代理人或新车主办理，就应让代理人或新车主带着投保人和他本人的身份证，以及保单原件，去保险公司办理。如果购买的是二手车，买主一定要要求卖方先办理完保险的过户手续再付款，这样可以省去很多麻烦。

第六步，报案。发生保险责任范围内的事故后，被保险人应采取合理的、必要的保护和施救措施，并立即向公安交通管理部门报案，同时要在48小时内向保险公司报案。新修订的《保险法》规定，“投保人、被保险人或者受益人知道保险事故发生后，应当及时通知保险人。故意或者因重大过失未及时通知保险人，致使保险事故的性质、原因、损失程度等难以确定的，保险人对无法确定的部分，不承担赔偿或者给付保险金的责任。”被保险人不要擅自对车辆进行修理，要等保险公司定损后再修；被保险人还应当积极协助保险人进行现场勘查。

4.7 交通事故快速处理及责任比例的确定

北京市公安局交通管理局和中国保监会北京监管局在2005年9月1日实施的《北京市道路交通事故简易程序处理规定》的基础上，于2007年7月1日联合下发了《机动车交通事故快速处理办法（试行）》，在这个《办法》中，规定了8类43种适用机动车交通事故快速处理的情况。

其中，“8类”包括追尾、逆行、倒车、溜车、开关车门、违反交通信号、未按规定让行，以及依法应付全部责任的其他情形。“43种”是按照上述8类所列出的43种情况。比如，遇红灯继续通行和其他车辆相撞，闯红灯的车需要负全责，这时候就不用给交警打电话，两个司机下车直接协商，填好快速处理单，然后就能挪车走人。

那么，被保险人在保险人到来之前应该做些什么

呢？举个例子，假设车在路口被一个闯红灯的车撞了，车主首先要熄火、拉手刹、开危险报警闪光灯，如果是晚上，还需要把小灯打开；紧接着，用手机记录双方的联系方式，同时也要将对方的车牌号记录到自己的手机当中。如果被保险人发现属于以下6种情形的，就先别挪车，要拨打122报警：（1）对方没有号牌的；（2）驾驶人饮酒的；（3）事故车开不动也推不走的；（4）人受伤超出轻微范围的，比如骨折；（5）有一方是外地车辆，并在北京行政区域之外出事的；（6）在外地，也就是事故发生在非北京行政道路上，比如已经到了河北省界的。如果不属于上述6种情况，并且与快速处理的8类43种情况之一相符，则发生交通事故后要马上挪车，把车挪到不影响交通安全的地方。及时挪车很重要，快速处理办法规定，对应当自行撤离现场而未撤离现场，妨碍交通的车辆，公安机关交通管理部门会将其拖移至不妨碍交通的地点；事故当事人造成交通堵塞的，公安机关交通管理部门将依法对驾驶人处以200元罚款；驾驶人有其他交通违法行为的，将依法一并处罚。为了防止把车挪开后，对方不认账的情况发生，被保险人可以标划现场或者用手机拍照留个证据。实际操作很简单，就是用石笔或粉笔画一个“T”字，沿着车轮行进方向画一条竖线，再以轴头为中心画一条横线，这就等于是车辆的四轮定位。要是对方看到撞车了打方向盘先逃了，如果可能，迅速记下对方的车牌号，如果看不清或记不住，也要抓住对方车辆的几个特征，比如车型、车的颜色、号牌颜色、车的新旧等，然后，先把车挪到安全的地方，并迅速打电话报警。《刑法》中规定，交通肇事后逃逸的，处3年以上、7年以下有期徒刑，因逃逸致人死亡的，处7年以上有期徒刑。《道路交通安全法》规定，造成交通事故后逃逸的，由公安机关交通管理部门吊销机动车驾驶证，且终生不得重新取得机动车驾驶证，也就是终身禁驾。《道路交通法实施条例》也规定，造成交通事故后逃逸的当事人应承担全部责任，但是有证据证明对方当事人也有过错的，可以减轻责任。对方一旦逃逸了，投保商业车损险的受害方的车辆损失，由其车辆投保的保险公司按规定先行赔付，案件侦破后，再由保险公司向逃逸方追偿。如果对方车主没有逃逸，被保险人应当把车停下，下车后先到对方车的前窗查看交强险及年检标志，然后请对方出示驾驶本和行驶证，如果出现以下三种情况，被保险人就应该拨打122电话报警，这三种情况是：对方没有驾驶本或行驶证，对方没有交强险或者年检标志，对方没有在本市投保交强险。

如果对方证件齐全，驾驶本、行驶证、年检标志和本市买的交强险都有，被保险人应把车停好，车窗关好，以防小偷浑水摸鱼、趁火打劫。肇事双方心平气和地确定双方的责任，接下来是各自打自己保险公司的电话报案，说明出险情况。保险公司会给一个报案号，投保人记到手机上或者纸上，全责的一方应问明白自己保险公司距离最近的定损中心的地点和电话。根据保险合同条款，保险人依据被保险机动车驾驶人在事故中所负的事故责任比例，承担相应的赔偿责任。保险条款按五级区分事故责任，分别为全部责任、主要责任、同等责任、次要责任和无责任。负主要事故责任的，事故责任比例为70%；负同等事故责任的，事故责任比例为50%；负次要事故责任的，事故责任比例为30%。假设警察在责任认定书上指定投保人在一次撞车事故中负次要责任，对方损失了3万元，其中受害人住院治疗，所发生的医疗费用不算作损失，按照责任认定书，投保人应向对方赔偿其损失的30%，对方损失的30%就是9000元，这是保险公司在第三者责任险上应支付的保险金。另外，未经保险人书面同意，被保险人自行承诺或支付的赔偿金额，保险人有权重新核定；不属于保险人赔偿范围或超出保险人应赔偿金额的，保险人不承担赔偿责任。

快速处理办法的规定是，一方当事人负全部责任的，双方当事人到全责方保险公司办理理赔。全责方保险公司负责双方车辆的查勘定损，并按有关规定进行赔付。无责方损失在2000元以下部分由全责方交强险进行赔付；超过2000元的部分，通过全责方的商业三者险进行赔付；全责方未投保商业三者险的，由全责方当事人自行承担。交强险的条款规定，在交通事故中，被保险人无责任时，无责任死亡伤残赔偿限额为11000元；无责任医疗费用赔偿限额为1000元；无责任财产损失赔偿限额为100元。即使被保险人没有任何责任，但如果对方受伤或死亡，承保交强险的保险公司也会在限额内给对方赔偿。如果不是一方全责，而是双方责任，去任何一方保险公司的定损点都可以。快速处理办法规定，双方当事人负同等责任的，可就近到任何一方保险公司办理定损。受理方保险公司必须无条件为双方车辆查勘定损，并向当事人出具双方车辆查勘报告、估损单以及保险公司所需的理赔资料。事故车辆双方损失均不超过2000元的，双方保险公司可以通过交强险的信息平台，依据查勘定损受理方保险公司出具的查勘报告和估损单，在交强险限额内分别对各自承保车辆进行赔付；一方损失超过2000元的，受理方保险公司应通知对方保险公司共同查勘，2000元以内部分，由保险公司在交强险限额内赔偿，超过2000元的部分，根据事故责任在商业保险责任范围内按比例承担赔偿，未投保商业保险的由当事人按事故责任比例承担赔偿。最后事故双方填写交通事故快速处理单，一式两份，双方签名后各留一份，然后就可以到定损中心去定损了。

近来，不少保险公司推出“快速理赔”服务，比如“24小时取赔款”等做法，免去了理赔过程中很多繁杂的过程，保险公司派查勘员到现场勘查后就确认理赔金额，车主认可后签字生效。对于这之后车主是否去修车、修车的花费是多少，保险公司就不再过问。这种做法的优点是简单方便，但同时也存在弊端。对保险公司而言，“快速理赔”让投保人有不少“空子”可钻。例如，张先生在行车过程中发生了一起碰擦事故，于是准备通过“快速理赔”通道获得保险赔偿，正当张先生准备将整理好的理赔单据送去保险公司时，却发现自己的驾照过期了，而保险条款里明确规定，驾照过期未通过年审将不予理赔，这让张先生非常着急。更何况张先生不是本地人，办理驾照年审需要回原籍所在地，很是麻烦。为了尽快办完理赔手续，张先生便找了人办了假证，却意外地顺利拿到了赔款。类似这样的例子还有很多，保险公司为了保证快速，工作人员在理赔单据审核过程中有时不会看得很仔细，经常出现疏漏，像张先生这样的客户就能获利，而保险公司则要付出额外的赔款。对投保人而言，则存在隐性损失。由于是现场查勘定损，查勘员估出的修车费用与实际费用之间通常存在差异，当实际修车费用高于理赔金额时，投保人需要自行承担额外的费用；另一种情况是车辆在“外伤”之下，可能存在“隐性损伤”，这类损伤需要到修理厂检测后才能发现，而这部分损失也只能由车主来承担。

假如事故一方不要求对方赔偿，责任一方必须让对方填写《协议书》，在上面注明“甲方或乙方不要求赔偿”，这是交管局的规定，这样做可以避免事后发生纠纷。如果事故中有伤者，视伤情轻重确定处理方式：如果是轻微伤，即身体受到轻微磕碰或表皮擦伤，双方可以协商处理；如果是骨折以上伤情，就需由交警到场解决；如果当时伤者只是觉得受了轻微伤，但事后发现伤情加重，甚至是致命伤，可以事后再给交警打电话，由交警来处理。交警在调查处理时，之前双方在事故现场填写的《协议书》会作为基本证据，因此事故当事方在填写《协议书》时应尽量写得详细一些，比如是否有伤，伤在何处，感觉如何，等等。填完《协议书》就可以去定损中心定损，然后就可以拿到定损单。定损单相当于保险公司开出的支票，拿到定损单就可以到自己选择的修理厂去修车。按现行的规定，保险公司没有权利指定修理厂，只能推荐修理厂，被保险人不接受推荐也没有关系，只要在保险公司定损中心核定的修理费用内，在哪儿修车都可以拿着修理厂开具的发票从保险公司获得赔偿。

发生单方交通事故仅造成自身车辆损坏的，驾驶人应迅速将车辆移至不妨碍交通的地点向保险公司报案，等候保险公司处理；碰撞并损坏建筑物、公共设施及其他设施的，车主应直接拨打122报警。

保险公司除支付保险金外，还应当赔偿被保险人或者受益人因此受到的损失。车险和人身险不一样，人身险赔付完保险金，合同就结束了；但是车险赔完之后，合同继续有效，一直到保险合同约定的保险期间届满为止，且每次赔付的保险金额也不受已赔付的保险金额影响，始终按照原来的限额赔付。当然有些车险险种在保险期间内有一个总的赔偿限额，比如划痕险，保险公司在原来约定的限额内赔偿，如果修车费用累计超出了限额，保险公司就不再负责赔偿。此外，保险公司并非所有的损失都赔偿，比如车辆损失险条款中有这么一条，“被保险车辆被盗窃、抢劫、抢夺，以及因被盗窃、抢劫、抢夺受到损坏，或车上零部件、附属设备丢失的损失和费用，保险公司不负责赔偿”，所以保险车辆后备箱被撬造成的车辆自身的损失，特别是车上财物的损失是不能从保险公司获得赔偿的。

新修订的保险法规定，保险人依照保险合同的约定，认为有关的证明和资料不完整的，应当及时一次性书面通知投保人、被保险人或者受益人补充提供。索赔文件分为三类：第一类，证明车、人的合法性以及合同的有效性。向保险公司索赔时，被保险人应当提供被保险人和受害人的有效身份证明、保险单、被保险机动车行驶证和发生事故时驾驶人的驾驶证。第二类，被保险人索赔时，填写索赔申请书，并向保险人提供与确认保险事故的性质、原因相关的证明和资料，除此之外，还要提供损失清单，包括受害人财产损失程度证明、人身伤残程度证明、相关医疗证明，以及其他有关损失和费用的单证。属于道路交通事故的，被保险人应当提供公安机关交通管理部门或法院等机构出具的事故证明，以及有关的法律文书，包括判决书、调解书、裁定书、裁决书等，以及其他必要的证明材料；如果走的是快速处理程序，则需要提供快速处理单或者协议书。属于非道路交通事故的，比如车在小区内剐蹭、丢失或出现划痕，被保险人应提供相关的事故证明，如至少提供小区物业出具的有剐蹭、丢车或划痕的证明。第三类，其他与确认保险事故的性质、原因、损失程度等有关的证明和资料。比如车被冰雹砸坏了，需要气象部门的证明；车被烧毁了，需要消防部门的证明；车被偷走了，需要公安部门的证明；等等。保险法规定财产保险的索赔时效是两年，也就是说，自被保险人或者受益人知道或应当知道保险事故发生之日起两年以内索赔有效。

4.8 汽车保险如何退保

商业车险是可以退保的，而交强险退保只限于车辆丢失、报废

和停驶这三种情况，其他情况是不允许退保的。保险行业协会和保监会对交强险退保的规定非常具体：投保人已缴纳交强险保险费，但保险责任尚未开始的，如果投保人退保，保险公司全额退还保险费；如果保险责任已经开始，此时退保，交强险的保费按天计算，日费率是年费率除以365，日费率乘以保险生效后已经过去的天数，就是车主已经花掉的保险费，剩下的是退保时保险公司应该退回的保费。商业车险退保没有什么限制，但对退保费的收取有约束。比如，A款险规定，保险责任开始前，投保人要求解除保险合同的，应当向保险人支付应缴保险费5%的退保手续费，收到5%的手续费后，保险人应当向投保人退还保险费；保险责任开始后，投保人要求解除保险合同的，自通知保险人之日起，保险合同解除，保险人按短期月费率收取自保险责任开始之日起至合同解除之日止期间的保险费，并退还剩余部分保险费（见表4-3）。

表4-3　商业险短期月费率

保险期间（月）	1	2	3	4	5	6	7	8	9	10	11	12
短期月费率（年保费的百分比）	10	20	30	40	50	60	70	80	85	90	95	100

依据商业险的短期月费率表，可以计算退保的费用，也可以计算投保几个月的保险费。其中，保险期间不足1个月的部分，按1个月计算。一年只有12个月，而100%只能分为10个10%，因此，需要注意的是，前8个月内退保，每个月占用保险费的10%，比如在第8个月内退保，80%的保险费会被保险公司扣除，投保人可以拿回剩下的20%；第9个月至第12个月，分别只占用保险费的5%，比如第9个月内退保，保险公司扣除保险费的85%，投保人可以拿回保险费的15%，再比如第11个月的时候退保，保险公司扣除保费的95%，投保人能拿回5%的保险费。

无论交强险还是商业汽车保险，投保人都可以选择短期的车险产品，如果保险期间不足1年，买车险基本上是期限越短越不划算，越晚退保越不划算，因为期限越短摊派到每个月的保费越高，越晚退保保险公司扣除的保费也越多。如果某辆车不想开了，停在车库里，车主可以选择退掉车损险、三者险，只保留盗抢险。这样做的前提是买车险时把盗抢险作为主险，如果不是，就只能先退掉所有车险，再到把盗抢险设为主险的保险公司重新买一份选定期限的盗抢险。如果保险车辆的车牌转移地区了，车主可以退掉原来的车险，到新的车辆所在地购买车险。比如，车辆原来是北京牌照，在北京买的汽车保险，车险没有到期牌子就转到上海了，此时就要办理退保，然后到上海重新投保车辆保险。商业车险随时可退，但交强险退保则需要外地车辆转籍手续，操作起来相对比较复杂。

4.9 汽车保险的其他相关知识

4.9.1 代位追偿的相关规定

新修订的《保险法》对代位追偿有明确的规定，即“因第三者对保险标的的损害而造成保险事故的，保险人自向被保险人赔偿保险金之日起，在赔偿金额范围内代位行使被保险人对第三者请求赔偿的权利”。所谓的代位追偿就是“代”受害的被保险人之“位”，向致害者追偿。《保险法》的规定是，如果被保险人已经从第三者取得损害赔偿的，保险人赔偿保险金时，可以相应扣减被保险人从第三者处已取得的赔偿金额；保险人行使代位请求赔偿的权利，不影响被保险人就未取得赔偿部分向第三者请求赔偿的权利；保险人向被保险人赔偿保险金后，被保险人未经保险人同意放弃对第三者请求赔偿的权利的，该行为无效；被保险人故意或者因重大过失致使保险人不能行使代位请求赔偿权利的，保险人可以扣减或者要求返还相应的保险赔偿金。《保险法》还规定，在保险人向第三者行使代位请求赔偿权利时，被保险人应当向保险人提供必要的文件，并告知所掌握的有关情况。

道路交通安全事故发生后，保险公司可先行向投保人支付赔偿金额，然后再行使代位追偿权，向事故责任方追索赔款。投保人在收到保险公司的赔偿金后，应积极配合保险公司行使代位追偿权，将自己知道的情况及时地、详细地告知保险公司。如果因为投保人的行为使得保险公司无法正常行使代位追偿权，或者代位追偿权受限，保险公司可以扣减保险赔偿金，已经支付的，可以要求投保人返还。代位追偿的规定，目的是更好地保护被保险人，让其更快地获得赔偿，避免无法获得致害补偿的情况发生。而在这项规定下，保险人需要承担更多的责任，同时也能够发挥其专业优势，使追偿的过程变得更加顺利。被保险人在享受代位追偿带来的好处时，也必须尽力履行好自己的职责，也就是协助保险公司获得追偿。

4.9.2 汽车保险的免赔规定

免赔，指在保险事故发生后，损失金额在规定数额之内的，保险人不负责赔偿，由被保险人自行承担这部分损失，这个规定的金额就是免赔额。一方面，免赔额的规定能够减少很多小额索赔，从而降低保险公司的理赔支出，因此有免赔规定的车险一般保费会定得低一些。另一方面，在免赔额的规定下，一旦出险，投保人必须自己承担一部分损失，因此能激励投保人看护好投保标的，减少损失的发生。

汽车保险的各个险种都有自己的免赔率，比如车辆损失险一般规定“保险车辆方负全部事故责任的，事故责任比例不超过100%；保险车辆方负主要事故责任的，事故责任比例不超过70%；保险车辆方负同等事故责任的，事故责任比例不超过50%；保险车辆方负次要事故责任的，事故责任比例不超过30%；保险车辆方无事故责任的，保险公司不承担赔偿责任”。全车盗抢险的免赔率一般为20％。第三者责任险的免赔率比较复杂，计算方法是：当被保险人应负赔偿金额高于赔偿限额时，赔款＝赔偿限额×（1－事故责任免赔率）×（1－绝对免赔率）；当被保险人应负赔偿金额等于或低于赔偿限额时，赔款＝应负赔偿金额×（1－事故责任免赔率）×（1－绝对免赔率）；其中，第三者人身伤亡或财产损失中依法应由被保险人承担的经济赔偿责任超过交强险各分项限额以上的部分，乘以事故责任比例。

其他的基本险和附加险，保险公司也都规定有免赔率，如果这些免赔的部分被保险人不想自己承担，那就应买相应的不计免赔险。为防止道德风险，有些免赔部分是投保人多缴保费也不能豁免的，这类情形包括：保险车辆全车被盗窃，因原配的全套车钥匙缺失而增加的免赔金额就必须由被保险人承担；保险车辆全车被盗窃、抢劫、抢夺，因被保险人不能提供机动车登记证书、机动车行驶证、购车发票等机动车来历证明，车辆购置税完税证明或者免税凭证而增加的免赔金额，由被保险人自行承担；应当由第三者负责赔偿但无法找到第三者而增加的免赔金额，由被保险人自行承担；因违反法律法规中有关机动车辆装载规定而增加的免赔金额，由被保险人自行承担；因保险车辆实际行驶区域超出保险单的约定范围而增加的免赔金额，由被保险人自行承担；投保时指定驾驶人，但保险事故发生时为非指定驾驶人驾驶保险车辆而增加的免赔金额，或因为提供的指定驾驶人信息不真实而增加的免赔金额，由被保险人自行承担；其他根据多次事故免赔特约条款的绝对免赔率计算出的免赔金额，由被保险人自行承担。

绝对免赔率是保险公司不予赔偿的比率，和它相对应的一个概念是相对免赔率。在足额保险中，也就是保险金额等于保险价值的情况下，如果绝对免赔率是20%，那么，不管损失是多少，保险公司只赔偿80％的损失，剩下的20%是“绝对”不赔的。相对免赔率为20%，是指当损失超过20%的时候，保险公司赔偿全部损失；而如果损失低于20%，保险公司一分都不赔。比如，一般而言，全车盗抢险的免赔率是20%，也就是说保险公司只赔偿80%，车主自己承担20%，这么规定的目的是激励车主看护好自己的车，减少损失的发生，防止道德风险。保险公司一般还会规定，全车盗抢险索赔时，如果被保险人丢失行驶证、购车原始发票、车辆购置附加费凭证的，每一项增加0.5%的绝对免赔，丢失车钥匙则增加5%的绝对免赔。

第 5 章

如何选择汽车保险

5.1 如何选择投保金额

一般情况下，有三种投保方式：第一，可以选择按新车购置价投保，这里的新车购置价一般是裸车价格，不包含车辆购置税；第二，按车辆实际价值投保，也就是新车购置价减折旧；第三，按投保人和保险公司之间的协商价值投保。方式不同，保费和保险赔付的比例也不同。

5.1.1 按新车购置价投保

新车购置价是指在保险合同签订地购置与被保险机动车同类型新车的价格，一般不包含车辆购置税，而不是许多投保人所理解的自己购买新车时所支付的购车全款。如果保险金额与新车购置价相等，这种投保方式一般被认为是“足额投保”。

比如，车主买的是20万元保额的保险，当车辆发生部分损失，保险公司在理赔时，将按实际损失进行足额赔偿，但当车辆全部毁损时，保险公司只按车辆的实际价值，也就是折旧后的价值进行赔偿。折旧金额可表示为：折旧金额＝投保时的新车购置价×被保险机动车已使用月数×月折旧率。

同样的车型，不论是新车，还是旧车，出了同样的事故，都是部分损失，修理费就都是一样的。比如，同样车型的车，都撞碎了前大灯，修车厂都收3000元的换修费，不会因为一个是新车，一个是旧车就有所差别。如果在保险期内发生一起车辆部分损失的保险事故，车辆的修复费用共计为8000元，不考虑免赔率、事故责任比例的情况下，保险公司将按8000元全额赔偿。如果在一年保险期内，被保险车辆不幸发生了比较严重的车损事故，车辆几乎全部毁损，假设当时你的车折旧后的实际价值已不足16万元，只有13.7万元。在不考虑免赔率、事故责任比例以及车辆残值的影响，保险公司最多只赔偿13.7万元。

5.1.2 按车辆实际价值投保

“实际价值”是指买新车付出的费用，包括车价和附加税，如果是旧车，就是新车购置价减去折旧金额后的价格。这种投保方式一般被认为是“不足额投保”，在车辆发生部分损失时，保险公司只能按实际价值与新车购置价格之比，按比例赔偿。不足额投保可看成是投保人和保险公司共保，因此发生保险事故后，损失应当由投保人和保险公司按比例分摊。也就是说，万一在修车过程中需要更换新零部件，保险公司就只能参考该零部件的折旧价值，赔偿给车主一部分修理费用。假设今年是被保险车量第三年续保，折旧后的实际价值只有136960元，投保人据此投保13.7万元的车损险，保费为2165.7元。但在保险期内，同样发生的部分损失事故，假设修车费仍为8000元，同样不考虑免赔率、事故责任比例，保险公司则将按“保额与投保时新车购置价的比例”进行赔付，即8000元×（13.7万元/16万元），投保人可获得6850元的赔偿，比按16万元投保少获赔1150元。

按车辆实际价值投保与按新车购置价投保相比较，如果发生了全车毁损的严重事故，同样不考虑免赔率、事故责任比例以及车辆残值的影响，保险公司均赔偿13.7万元的损失。赔款金额和投保人按哪种方式来投保是没有关系的，所以在发生车辆全损的情况下，按新车购置价投保就有点吃亏，将多花投保人近300元的保险费。

5.1.3 按协商价值投保

按协商价值确定保额主要是根据投保人的意向，比如车主按新车购置价20万元买的车，投保人想把保险金额确定为10万元，如果发生交通事故，保险公司仅按照保险金额和汽车实际价值的比例，也就是10/20，即50%进行赔偿。假设修复费用还是8000元，保险公司就只赔一半，即4000元。如果发生了全损，保险公司最多只赔10万元。对于超额投保，新修订的《保险法》有明确规定，“保险标的的保险价值，可以由投保人和保险人约定并在合同中载明，也可以按照保险事故发生时保险标的的实际价值确定。保险金额不得超过保险价值；超过保险价值的，超过的部分无效。保险金额低于保险价值的，除合同另有约定外，保险人按照保险金额与保险价值的比例承担赔偿责任”。因为保险金额超过保险价值的，超过的部分无效，所以车险投保的时候，绝对不能超过新车购置价，并最好不要超过车辆的实际价值。

投保人超额投保其实是对保险公司有利的，保险公司收取的保险费是按照保额乘以既定费率得出来的。保额越高，投保人缴的保费越多；发生事故时，保险公司计算赔款的时候，却是按照车辆的实际价值理赔，被保险车辆当时值多少钱，保险公司最多赔多少。超额的赔款是不允许的，否则就会有车主因保险事故发生而得到比事故损失更多的赔款，就有毁坏汽车获取赔款的动力，于是道德风险就难以控制了。保险公司会依据各类汽车市场价格的变化，以季度或半年为期限，按照它们的全国统一零售价调整各类车辆的新车购置价。

5.2 如何确定不同险种的保险金额

保险金额，简称保额，指保险人承担赔偿或者给付保险金责任的最高限额。

汽车保险和其他的财产保险一样，遵循的是“补偿原则”，也就是说保险公司的赔偿数额不能超过财物的实际价值。比如，如果汽车的实际价值是10万元，即使为其投保了保额为20万元的车辆损失险或盗抢险，一旦发生损失，被保险人最多只能从保险公司获得10万元的保险赔偿。

盗抢险按照车的实际价值投保，即按照新车购置价减去折旧金额投保。比如，9座以下的车，按6‰的折旧率进行折旧，假设车的购买价格是20万元，一年之后，就是20万减去车价的12个6‰，即18.56万元，投保金额就是18.56万元。投保人也可以自由选择不足额投保，比如，用20万元买的新车，盗抢险的保险金额也可以设定为20万元或者低于20万元的任意一个数额，比如10万元，这样保费就是保额20万元时的一半，被保险车辆一旦丢失，保险公司顶多赔10万元。

责任险按照协商价值投保。责任险保障的是发生交通事故后，投保人对被撞的车辆、人员或其他财产，比如护栏等所负的民事损害赔偿责任。投保人自己估计这个责任最大有多大，然后确定一个希望转嫁给保险公司的份额。比如，投保人觉得自己的驾驶技术不高，最倒霉的事是撞了人，可能会赔偿人家40万元，这样他（她）就要决定是希望这40万元是全部转嫁给保险公司呢，还是部分转嫁，自己承担一部分，因为转嫁给保险公司是要花钱的，也就是要缴保费。如果投保人的驾驶技术不行，但是开车比较小心，也严格遵守交通规则，速度总是控制在一定范围之内，一般不会有那么大的责任，那么20万～30万元的保险金额就差不多了。责任险保险金额的设定是因人而异的：如果自己开车有把握，技术不错，不会出大事，那就将保险金额设得低一点，节省点保险费；相反，如果投保人对自己没有把握，那就可以把保险金额设得高一点。

划痕险也是按照协商价值投保。划痕险是车辆损失险的附加险，保险公司负责赔偿无明显碰撞痕迹的车身划痕损失。有了划痕就说明车和外物有了明显的剐蹭或撞击，如果车身上没有明显的坑，只是划了一些道道，属于划痕，如果撞出了坑，就不属于划痕，而属于碰撞，碰撞则属于车损险的承保责任，无论是碰撞还是划痕，保险公司都会赔偿。因为划痕的风险比较特殊，新车需要，旧车可能就不需要了，所以将划痕险从车损险中分离出来也是为了适应不同人群的需要。划痕险有一个总的保险金额，只要修车的损失在总的限额之内就可以进行赔偿和修复。划痕险的保费由车龄、保险金额和新车购置价三个因素共同决定：车龄分“2年以下”和“2年及以上”两类；保险金额分为2000 元、5000 元、10000 元或20000 元，具体的保险金额由投保人和保险人在投保时协商确定；新车购置价分30万元以下、30万～50万元和50万元以上三种。划痕险的保险金额可见表5-1。

表5-1　　划痕险的保险金额　　单位：元

车龄	保额	新车购置价		
		30万以下	30万～50万	50万以上
2年以下	2000	400	585	850
	5000	570	900	1100
	10000	760	1170	1500
	20000	1140	1780	2250
2年及以上	2000	610	900	1100
	5000	850	1350	1500
	10000	1300	1800	2000
	20000	1900	2600	3000

交强险的保险金额是由中国保监会确定的，而且一辆车只能买一份交强险。交强险合同中的责任限额是指被保险机动车发生交通事故，保险人对“每次”保险事故所有受害人的人身伤亡和财产损失所承担的最高赔偿金额，在保险有效期内不限次数。其中，死亡伤残的保险金额，也就是保险公司的赔偿限额是110000元；医疗费用赔偿限额10000元；财产损失赔偿限额2000元；无责任死亡伤残赔偿限额11000元；无责任医疗费用赔偿限额1000元；无责任财产损失赔偿限额100元。交强险的保险费是950元，这是目前的全国统一价，没有什么可选择的余地。

如果投保人在交强险之外还投保了商业三者险，则保险公司在交强险赔偿限额之外、商业三者险的赔偿限额之内赔偿，如果费用超出了商业三者险的范围，保险公司不负赔偿责任。商业三者险的好处是它的限额不是分项的，即不论是第三者伤残死亡，还是医疗费用、财产损失，只要是保险责任之内的，没有超过商业三者险的保险金额，都可以赔偿。汽车商业三者险的保险金额分为六个档次：5 万元、10万元、20万元、50万元、100万元和100万元以上，最高不超过1000万元。

5.3 如何确定最大赔偿责任

投保人选择多少保险金额，首先要知道交通事故发生后，自己可能承担的最大赔偿责任，然后在最大赔偿责任之下选择一个比较适合自身情况的保险金额。根据最高人民法院《关于审理人身损害赔偿案件适用法律若干问题的解释》的第17条，最大赔偿责任指赔偿义务人应当予以赔偿受害人遭受的人身损害，因就医治疗支出的

各项费用以及因误工减少的收入，包括医疗费、误工费、护理费、交通费、住宿费、住院伙食补助费、必要的营养费。

医疗费指当事人为治疗伤疾而支付的挂号费、检查费、治疗费、手术费、医药费、住院费、康复费、整容费和后续治疗等费用。医疗费应根据医疗机构出具的收款凭证，结合病历和诊断证明等相关证据确定。医疗费的赔偿数额，应按照调解前实际发生的数额确定；对于器官功能恢复训练所必要的康复费、适当的整容费以及其他后续治疗费，可参照调解结案时的实际标准进行计算。

误工费根据当事人的误工时间和收入状况确定，误工时间根据当事人接受治疗的医疗机构出具的证明确定。当事人因伤致残持续误工的，误工时间可以计算至定残日前一天。误工费的计算标准为：当事人有固定收入的，误工费按照实际减少的收入计算；当事人无固定收入的，按照受诉法院所在地统计局公布的上一年度职工的平均工资计算，比如北京市2011年在岗职工年平均工资是42452元。

护理费根据护理人员的收入状况和护理人数、护理期限确定。护理人员有收入的，按照实际减少的收入计算；护理人员没有收入或者雇佣护工的，参照同等级别护理的劳务报酬标准计算。护理人员原则上为1人，但医疗机构或者鉴定机构有明确意见的，可以参照确定护理人员人数。护理期限应计算至受害人恢复生活自理能力时止；受害人因残疾不能恢复生活自理能力的，可以根据其年龄、健康状况等因素确定合理的护理期限，但最长不超过20年。

交通费应根据当事人和必要的陪护人员因就医或者转院治疗，以及死者亲属参与死亡事故处理的实际发生的交通费用计算。交通费应当以正式票据为凭，这些票据应当与就医地点、时间、人数、次数相符合。

住宿费应当按照当事人本人及其陪护人员从外地到本市处理交通事故时实际发生的住宿费用计算。

住院伙食补助费参照国家机关一般工作人员的出差伙食补助标准予以确定。

必要的营养费是指当事人为辅助治疗或使身体尽快康复而购买日常饮食以外的营养品所支出的费用。营养费根据当事人伤残程度，参照医院意见及营养费支出凭证确定。

根据一家保险公司的统计，这7笔费用一般在几百元到8万元之间。除了这些费用外，如果受害人因伤致残的，因此增加生活上支出的必要费用以及因丧失劳动能力导致的收入损失，包括残疾赔偿金、残疾辅助器具费、被抚养人生活费，以及因康复护理、继续治疗实际发生的必要的康复费、护理费、后续治疗费，赔偿义务人也应当予以赔偿。

残疾赔偿金根据当事人伤残等级，例如，在北京就按照北京市统计局公布的上一年度城镇居民人均可支配收入或者农村居民人均纯收入标准，自定残之日起按20年计算。按照北京市2012年的标准，一个60周岁以下的北京市城镇居民被撞全残了，就根据上一年度（2011年）北京市城镇居民人均可支配收入32903元/年的计算标准，20年的赔偿额是658060元，2011年北京市农村居民人均纯收入为14736元/人，乘以20等于294720元。受害人年龄在60周岁以上的，年龄每增加1岁赔付期限减少1年；75周岁以上的，赔付期限按5年计算。

残疾辅助器具费按照普通适用器具的合理费用标准计算；伤情有特殊需要的，可以参照辅助器具配制机构的意见确定相应的合理费用标准；辅助器具的更换周期和赔偿期限参照配制机构的意见确定。

被抚养人生活费根据抚养人丧失劳动能力的程度，按照当地统计局公布的上一年度城镇居民人均消费性支出和农村居民人均生活消费支出标准计算。被抚养人是指当事人依法应当承担抚养义务的未成年人或者丧失劳动能力又无其他生活来源的成年近亲属。被抚养人为未成年人的，计算至18周岁；被抚养人是成年人，但无劳动能力又无其他生活来源的，计算20年。比如北京市2011年城镇居民人均消费性支出21984元/人，农村居民人均生活消费支出额是11078元/人，20年的被抚养人生活费分别是439680元和221560元。被抚养人60周岁以上的，年龄每增加1岁赔付期限减少1年；75周岁以上的，赔付期限按5年计算。被抚养人还有其他抚养人的，赔偿义务人只赔偿当事人依法应当负担的部分。被抚养人有数人的，年赔偿总额累计不超过上一年度城镇居民人均消费性支出额或者农村居民人均年生活消费支出额。

死亡的丧葬费按照上一年度职工月平均工资标准，以6个月总额计算。比如北京市2011年的月平均工资标准是3538元，6个月就是21228元。此外，交通事故当事人或死者近亲属可能要求赔偿精神损害抚慰金，这笔钱原则上是由当事人或者死者近亲属自行协商确定的，当无法协商确定时就由法院自由裁量决定。因为这笔钱的数额不易控制，所以被保险公司列为除外责任，投保人不能从保险公司获得赔偿。

5.4 如何确定交通事故责任和赔偿比例

交通事故责任和赔偿比例的关系，即谁在事故中负多大责任需要按照交管部门发布的交通规则决定或者由交警当场做出判定。

机动车之间发生交通事故，造成人身伤亡和财产损失，当事人

负全部责任的，承担100%的赔偿责任；当事人负主要责任的，承担70%的赔偿责任；当事人负同等责任的，承担50%的赔偿责任；当事人负次要责任的，承担30%的赔偿责任。机动车与非机动车、行人发生交通事故，造成人身伤亡、财产损失，非机动车、行人一方无过错的，由机动车一方承担总损失100%的赔偿责任。对有证据证明非机动车、行人有过错的，机动车一方要承担自身的全部损失，然后还要赔偿对方，机动车一方负主要责任的，应承担非机动车、行人一方70%赔偿责任；机动车一方负同等责任的，应承担非机动车、行人一方50%赔偿责任；机动车一方负次要责任的，应承担非机动车、行人一方30%赔偿责任；机动车一方无责任的，应承担非机动车、行人一方20%赔偿责任。

根据全社会的统计资料，交通事故的平均赔偿责任在25万元左右。知道这个数额后，买多少三者险，关键还是要看个人的情况。如果投保人觉得自己的出险概率和赔偿责任与社会平均水平大致相当，交强险人身损失的赔偿限额有11万元，再买一个15万元左右的商业险，就差不多了；如果投保人认为自己风险更大一些，或者认为需要更多的保障，怕发生有责任的严重交通事故，就多买一些商业三者险。

5.5 如何选择车险保费

5.5.1 车险保费的计算方法

中国保险行业协会制定了A、B、C三款《机动车商业保险行业基本条款》，对费率的计算方法有明确的规定，而且还根据全国不同地区的情况，制

定了各省市和宁波、深圳、大连、青岛、厦门等计划单列市共36个基本费率表，由各地保险公司的分支机构根据本区域的费率表计算车险保费。投保人只需要确定自己所属的区域，再根据自己的保险公司选择的是A、B、C中哪一款保险，就能够知道基础保费是多少。

2003年以前，国内的车险都是一样的，统一条款和费率。后来进行了费率的市场化改革，各家保险公司都制定了自己的条款和费率，开始在费率竞争上下功夫，进行恶性降价竞争，以至于服务大打折扣。价格战一打，造成了车险全行业亏损的局面。面对这样的情况，只能由保险行业协会制定了几套标准保单，再由各个保险公司自己选择，根据标准保单制定自己的条款。这样一来，产品和价格趋同，保险公司只能在服务上展开竞争，结果，既保证了车险市场的有序竞争，也保证了各个公司产品设计的自由裁量权。

在标准条款中，保险费的计算方法是用基础保费加上保险金额乘以费率，用公式表示为：保险费＝基础保费＋保险金额×费率。基础保费是跟保额没有关系的保费，它再加上保额和费率相乘的那一块，也就是由保险金额大小决定的保费，就得出投保人需要向保险公司支付的总的保费了。基础保费和费率是按照被保险人的类别、车辆的用途、座位数、吨位数、排量、功率、车辆使用年限所属档次计算出来的，可以在表上查到。举个例子，家庭自用车分为6座以下和6～10座两个级别；6座以下再根据车龄分为1年以下、1～2年等多个档次，每个档次分别对应着不同的基础保费和费率，比如1年以下的基础保费是539元，费率是1.28%。如果投保人选定的保险金额为10万元，则该车辆的保费为539＋10万×1.28%＝1819元；如果保险金额为15万元，则该车辆的保费为539＋15万×1.28％＝2459元。从保险公司的角度看，保险公司收取的保险费也要分为两个部分来使用，一部分是将来少量汽车发生保险事故后，保险公司支付出去的所有赔款；一部分是保险公司的营运成本。赔款这一部分，是和保险金额直接相关的，同样的损失，保险金额越高，保险公司赔得越多，所以要用保险金额乘以费率；营运成本这一部分有些和保险金额有关，还有很大的一部分跟保险金额关系不大。比如一个宝马和一个QQ，同样作为投保车辆，保险的签约成本和维护成本几乎是一样的，收这笔营运费用的时候，就不能再用保险金额乘以费率了。

5.5.2 保险金额与保费的对应关系

保费越高，保险金额就越高，发生事故后投保人能够从保险公司获得的赔偿限额就越高，这是好的方面；当然，要获得更高的保障，投保人就必须付出更多的费用，这就是权利与义务的对等关系。如何权衡保险金额与保险费两者之间的关系，首先要明确两者之间的对应关系，下面就以商业三者险的保险金额与保险费的对应关系为例来说明（见表5-2）。

表5-2　商业三者险的保险金额与保险费的对应关系　单位：元

保额	5万	10万	15万	20万	30万	50万	100万
保险费	607	877	999	1087	1226	1472	1917

由表5-2可知，多10万元的保险金额，保费仅差很少的钱。10万元和20万元的保额之间，保费仅差210元；10万元与30万元的保额之间，保费也仅差349元，一天不到1元钱，但保额却增加了3倍。10万元与50万元的保额之间，保费也仅差595元，加上交强险，就可以做到即使在严重的交通事故中，也赔付无忧了。

投保人的目标是以最小的成本获得最高的保障，这就要在管住低端和提高限额之间进行选择。所谓的“不计免赔特约条款”是指，经特别约定，保险事故发生后，按照对应投保险种规定的免赔率计算的、应当由被保险人自行承担的免赔金额部分，保险人也负责赔偿。在不计免赔特约条款中，第三者责任保险不计免赔、机动车损失保险不计免赔、车上人员责任险不计免赔、车身划痕损失险不计免赔的费率都是保险费的15%，而盗抢险不计免赔的费率是20%。比如，“荣威750”的新车购置价是18.18万元，如果在北京买保险，按A款险的费率，商业第三者责任险的保险金额选择10万元，保险费是877元；附加三者责任险不计免赔的费率是15%，用877元乘以15%，保险费应等于131.55元。不计免赔特约条款能够带来的好处是，在保险金额是10万元的情况下，发生赔偿责任等于或超过10万元的交通事故，被保险人负次要责任时，原来免赔的100000×5%等于5000元，保险公司现在要赔偿；负同等事故，原来免赔的100000×10%等于10000元，保险公司要赔偿；负主要事故责任时，原来免赔的100000×15%=15000元，保险公司要赔偿；负全部事故责任时，原来免赔的100000×20%=20000元，保险公司也要赔偿。

如此看来，是否可以说因为做保底最多才能省2万元，小于将保险金额打高的5万元，所以做封顶比做保底合适？我们不能得出这样的结论，原因是做封顶和做保底的目的是不同的，多少有点像在买帽子和买鞋之间做出选择，帽子有帽子的功能，鞋子有鞋子的作用，硬性比较会得出滑稽的结论。做保底对保障轻微的交通事故有利，做封顶对保障严重的交通事故，特别是对赔偿责任超出被保险人车险赔偿限额的交通事故有利。需要注意，现实的情况是交通事故以小剐小蹭居多，同时还要考虑到交强险先赔一部分的因素，因此不能简单地用2万元和5万元这样的数字比较做保底和做封顶的好处。做保底和做封顶的费用都不高，和车价比起来都是小数目，所以最好不要非得在这方面省钱，结果得不偿失。

5.5.3 车险保费计算实例

现在以“荣威750”为例介绍保费计算的实际应用。

假设按新车购置价进行足额投保，保险金额是181800元，基础保费是539元。先算机动车损失险，保险费率是1.28%，保险费是539+181800×1.28%=2866.04元，如果打7折就是2006.23元。再计算商业第三者责任险，将保额确定为10万元，保险费是877元，打7折是613.90元；若保额确定为15万元，保险费是877元，打7折是699.30元；若保额确定为20万元，保险费是1087元，打7折是760.90元；若保额确定为30万元，保险费是877元，打7折是858.20元；若保额确定为50万元，保险费是1472元，打7折是1030.40元；若保额确定为100万元，保险费是1917元，打7折是1341.90元。接着计算全车盗抢险，它的固定费率是120元，费率是0.53%，足额保险的保险金额是181800元，保险费是120+181800×0.53%=1083.54元，打7折是758.48元。假设车上人员（驾驶人）责任险的保险金额确定为10000元，保险费率是0.41%，保险费是10000×0.41%=41元，打7折是28.70元。车上人员（乘客）责任险的保险金额设定为10000元，按4个座位计算，10000×4×0.26%=104元，打7折是72.80元。将附加车身划痕损失险的保险金额定为5000元，按费率表，车龄不满2年、新车购置价30万元以下车辆的固定保险费是570元，打7折是399.00元。附加（国产）玻璃单独破碎险，保险费为新车购置价181800×0.19%=345.42元，打7折等于241.79元。机动车损失保险7折优惠后的保险费是2006.23元，不计免赔率特约条款优惠后的保险费就是2006.23×15%=300.94元。车上人员（驾驶人）责任险7折后的保费是28.70元，不计免赔特约条款优惠后的保费是28.70×15%=4.30元；车上人员（乘客）责任险7折后的保费是72.80

元，不计免赔的保费是72.80×15%=10.92元，合计是15.22元。同样算法，附加车身划痕损失险不计免赔特约条款优惠后的保险费是399.00×15%=59.85元，第三者责任保险不计免赔率特约条款优惠后的保险费是613.90×15%=92.09元；全车盗抢险7折优惠后的保险费是758.48元×20%，得出不计免赔率特约条款优惠后的保险费是151.70元。最后，荣威750的保险费合计4740.70元。

企业用车和家庭用车的基础保费以及费率均有区别。同样的一辆6座以下1年以内车龄的轿车，如果是在北京按照企业非营业客车投保车辆损失险，基础保费是335元，费率是1.11%；按照非营业个人客车投保车辆损失险，基础保费是539元，费率是1.28%。两者基础保费相差204元，费率相差0.17%。按非营业机关客车投保则更便宜，基础保费只有259元，比企业用车低131元，比家庭用车低280元，不到家庭用车基础保费的一半；非营业机关客车的费率只有0.86%，比企业用车低0.25%，比家庭用车低了0.42%。那么，为何企业用车比家庭用车的车险费率低呢？直观上车主对家庭用车会更加小心谨慎，因此家庭用车的车险费率应该更低才合理，但是我们的直观感觉和统计数据不太一样。事实上，根据保险公司的统计数据，企业用车的出险概率低于家庭用车，这是企业用车车险费率比家庭用车低的一个原因。另一方面，批发价和零售价是不一样的。私家车买保险一般就是一辆，一个大企业一买就是几十辆、上百辆，管理成本低；而且，企业的车不会一次都发生碰撞，这些车互相之间已经有了一个分散风险的空间了。比如，一个拥有几千辆汽车的出租车公司，公司内部的风险已经分散得差不多了，甚至不需要保险公司，如果费率公允，管理得当，保险公司承保这样的业务几乎只赚不赔。

5.6 车险费率如何浮动

5.6.1 车险优惠

车险优惠主要有三大类，即费率浮动、折扣和销售渠道优惠。

第一类是正常的费率浮动，这是不论哪一家保险公司都有的，保险行业协会有具体的规定，最可靠的信息来源是保监会和中国保险行业协会的网站。

第二类是保险公司提供的折扣，保监会规定保险公司销售的商业车险的最大折扣是7折，这样，不同的保险公司就会在这个规定之内打折，当然，也有公司通过做活动的形式，返还一些保费或提供有价值的礼品，小公司或新公司做的活动多一些，以此获得更大的竞争优势。因为折扣有高低，活动有大小，所以即使是在北京的八个城区，有些保险公司的各个支公司的车险价格也是有区别的，或多几百块钱，或少几百块钱，这都属于正常情况。消费者若想鉴别这些活动的真伪，可以直接给保险公司打电话，每个保险公司都有全国统一的客服电话，好多保险公司都开通了800免费电话，消费者还可以登录保险公司总公司的网站，从那里得到的信息往往是最可靠的。

第三类是销售渠道优惠。目前，保监会规定保险公司销售商业车险的最大折扣是7折，但对电话车险有特别费率优惠，最多能打5折。同样，4S店渠道也有自己的优惠，4S店一般也是7折，很多4S店为了拉客户，会给客户一些其他方面的优惠，比如封个釉、贴个膜、送个地垫，等等。至于代理人渠道，代理人为了拉到业务，有时候会许诺更大的折扣，但这个时候，消费者就要千万小心了，必须搞明白，这些多出来的折扣从哪里来，是返佣，是保险缩水，还是忽悠。返佣是指代理人将自己从这份保险中应该赚取的佣金返还给投保人一部分，监管部门有规定，商业车险的佣金不能超过保险费的15%，三者险的佣金不能超过保险费的4%，返佣当然也不可能超出这个范围，否则代理人就只赔不赚了；缩水是指代理人减少附加险的种类或降低保额；忽悠就是指代理人开出的种种不兑现的诺言。消费者在享受销售渠道优惠时必须擦亮眼睛，千万不要因小失大，不要被各种优惠条件蒙蔽了双眼，选择可靠的销售渠道是关键，而优惠仅仅是锦上添花。

5.6.2 费率浮动表

汽车保险的费率浮动与投保车辆上一个年度及上几个年度出险情况紧密相关。投保车辆的出险概率越低，则下一年度的浮动比率越大，投保人能够获得的费率优惠越大。交强险与商业车险都有费率浮动表，参照费率浮动表，就能够知道投保人下一年度保费上浮或者下降的情况（见表5-3）。

表5-3　交强险费率浮动

浮动因素			浮动比率
与道路交通事故相联系的浮动A	A1	上一个年度未发生有责任道路交通事故	-10%
	A2	上两个年度未发生有责任道路交通事故	-20%
	A3	上三个及以上年度未发生有责任道路交通事故	-30%
	A4	上一个年度发生一次有责任不涉及死亡的道路交通事故	0
	A5	上一个年度发生两次及两次以上有责任道路交通事故	10%
	A6	上一个年度发生有责任道路交通死亡事故	30%

交强险的最终保险费计算公式为，交强险最终保险费＝交强险基础保险费×（1＋与道路交通事故相联系的浮动比率）。

需要特别注意的是，仅发生无责任道路交通事故时，交强险费率仍可向下浮动。所以，在发生交通事故的时候，投保人要先看自己是否有责任，没有责任，放心去索赔；如果有责任，索赔之前要权衡一下是索赔合适，还是自己承担损失、等下一年享受费率浮动来得合适。同时要考虑发生事故的时点，要是在保险合同刚开始不久发生保险事故，虽然索赔金额不大，也考虑索赔，因为还有更长的保险期在后面，再发生事故的概率还是不小，几次小事故累加在一起，总体损失还是会比下一年的费率优惠多；如果保险都快到期了，才第一次发生有责事故，就要简单地计算一下，再决定是索赔还是自己承担损失。另一点需要注意的是，费率浮动也有一些特殊规定，比如，首次投保交强险的机动车费率不浮动；在保险期限内，被保险机动车所有权转移，交强险费率不浮动；且同一项目中的优惠不能加总，只能选其中之一。发生有责任道路交通事故的计算区间是上期保单出单日至本期保单出单日之间，假设上年的保单一年后到期了，车主没有去续保，在满期后、续保前的这段时间内发生了有责任的道路交通事故，投保人既得不到保险公司的赔款，也不能享受下一年的费率优惠。但要注意，交强险保单出单日距离保单起期最长不能超过三个月，也就是说保险公司签发交强险保单和保障责任开始的时间间隔不能超过三个月。即如果投保人提前续保，保单可以签发，保险期开始的时间可以往后推，但往后推的时间不能超过三个月。提前三个月买保险，下一年的无赔款优待虽然能够享受到，但因为有了理赔记录，后面累计两个年度和累计三个年度20%、30%的无赔款优待就无法享受了。

交强险是这样，商业车险也是如此。在提前投保这件事上，保险公司总是比投保人更加着急，保险公司会提前给投保人打电话，告知投保人保单快要到期了，赶紧续保。甚至有心急的保险公司先给投保人出了保单，然后再告诉投保人已经为其自动续保了。投保人若不补缴保费就拿不到交强险的保单和标志，就没法上路；投保人这时想换一家保险公司投保是不行的，因为交强险能且只能买一份，一旦单子出了，当地交强险的信息系统就有了记录，投保人就不能再在当地任何一家保险公司买交强险了。事实上，不论投保人换不换公司，都能享受优惠，因为很多地方已经实现交强险信息共享。有的地区建立起了交强险信息平台，未建立车险信息平台的地区，则通过保险公司之间相互报盘、简易理赔共享查询系统或者手工查询方式等，共享交强险信息。

下面来看一下商业车险中A、B、C三款车险产品的费率浮动表（见表5-4～表5-7）。

表5-4　　　　A款车险费率调整系数

序号	项目	内容	系数	适用范围
1	无赔款优待及上年赔款记录	连续3年没有发生赔款	0.7	所有车辆
		连续2年没有发生赔款	0.8	
		上年没有发生赔款	0.9	
		新保或上年赔款次数在3次以下	1.0	
		上年发生3次赔款	1.1	
		上年发生4次赔款	1.2	
		上年发生5次及以上赔款	1.3	
2	多险种同时投保	同时投保车损险、三者险	0.95～1.00	
3	客户忠诚度	首年投保	1.00	
		续保	0.90	
4	平均年行驶里程	平均年行驶里程＜30000公里	0.90	
		平均年行驶里程≥50000公里	1.1～1.3	
5	安全驾驶	上一保险年度无交通违法记录	0.90	

续表

序号	项目	内容	系数	适用范围
6	约定行驶区域	省内	0.95	所有车辆
		固定路线	0.92	不适用于家庭自用车
		场内	0.80	
7	承保数量	承保数量＜5台	1.00	不适用于家庭自用车
		5台≤承保数量＜20台	0.95	
		20台≤承保数量＜50台	0.90	
		承保数量≥50台	0.80	
8	指定驾驶人	指定驾驶人员	0.90	仅适用于家庭自用车
9	性别	男	1.00	
		女	0.95	
10	驾龄	驾龄＜1年	1.05	
		1年≤驾龄＜3年	1.02	
		驾龄≥3年	1.00	
11	年龄	年龄＜25岁	1.05	
		25岁≤年龄＜30岁	1.00	
		30岁≤年龄＜40岁	0.95	
		40岁≤年龄＜60岁	1.00	
		年龄≥60岁	1.05	
12	经验及预期赔付率	40%及以下	0.7～0.8	仅适用于车队
		40%～60%	0.8～0.9	
		60%～70%	1.00	
		70%～90%	1.1～1.3	
		90%以上	1.3以上	
13	管理水平	根据风险管理水平和业务类型	0.7以上	
14	车辆损失险车型	特异车型、稀有车型、古老车型	1.3～2.0	所有车辆

表5-5　　　　B款车险费率调整系数表（个人）

费率因子	系数值	说明	使用范围	
指定驾驶人C1	C1a	0.9	指定驾驶人	非营业个人车辆
	C1b	1	未指定驾驶人	
驾驶人年龄C2	C2a	1.05	年龄<25岁	非营业个人车辆
	C2b	1	25岁≤年龄<30岁	
	C2c	0.95	30岁≤年龄<40岁	
	C2d	1	40岁≤年龄<60岁	
	C2e	1.05	年龄≥60岁	
驾驶人性别C3	C3a	1	男	非营业个人车辆
	C3b	0.95	女	
驾驶人驾龄C4	C4a	1.05	驾龄<1年	非营业个人车辆
	C4b	1.02	1年≤驾龄<3年	
	C4c	1	3年≤驾龄	
行驶区域C5	C5a	1	境内	所有个人车辆
	C5b	0.95	省内	
	C5c	0.92	固定路线	营业个人车辆
平均年行驶里程（公里）C6	C6a	0.9	[0，30000)	所有个人车辆
	C6b	1	[30000，50000)	
	C6c	1.1～1.3	≥50000	
投保年度C7	C7a	1	首年投保	所有个人车辆
	C7b	0.9	续保	

续表

费率因子	系数值	说明	使用范围	
交通违法记录C8	C8a	0.9	上一保险年度无交通违法记录	所有个人车辆
	C8b	1	上一保险年度有交通违法记录	
以往保险年度索赔记录C9	C9a	0.7	连续三年及以上无赔款记录	所有个人车辆
	C9b	0.8	连续两年无赔款记录	
	C9c	0.9	上年无赔款记录	
	C9d	1	上年发生二次及以下赔款或首年投保	
	C9e	1.1	上年发生三次赔款	
	C9f	1.2	上年发生四次赔款	
	C9g	1.3	上年发生五次及以上赔款	
多险别投保优惠C10	C10a	0.95～1	同时投保车辆损失险及商业第三者责任险的，所有险别最高优惠5%	所有个人车辆
绝对免赔额C11	C11a		详见免赔额系数表	所有个人车辆
	…			
车辆损失险车型C12	C12	1.3～2.0	老、旧、新、特车型	所有个人车辆

表5-6　　　　B款车险费率调整系数（企业、机关）

费率因子		系数值说明	说明	使用范围
承保数量C1	C1a	1	承保数量＜5台	所有机关、企业车辆
	C1b	0.95	5≤承保数量＜20台	
	C1c	0.9	20≤承保数量＜50台	
	C1d	0.8	50台≤承保数量	
行驶区域C2	C2a	1	境内	所有机关、企业车辆
	C2b	0.95	省内	
	C2c	0.92	固定路线	
	C2d	0.8	场内	

续表

<table>
<tr><th colspan="2">费率因子</th><th>系数值说明</th><th>说明</th><th>使用范围</th></tr>
<tr><td rowspan="2">投保年度C3</td><td>C3a</td><td>1</td><td>首年投保</td><td rowspan="2">所有机关、企业车辆</td></tr>
<tr><td>C3b</td><td>0.9</td><td>续保</td></tr>
<tr><td rowspan="7">以往保险年度索赔记录C4</td><td>C4a</td><td>0.7</td><td>连续三年及以上无赔款记录</td><td rowspan="7">所有机关、企业车辆（不能与经验/预期赔付率系数同时使用）</td></tr>
<tr><td>C4b</td><td>0.8</td><td>连续两年无赔款记录</td></tr>
<tr><td>C4c</td><td>0.9</td><td>上年无赔款记录</td></tr>
<tr><td>C4d</td><td>1</td><td>上年发生二次及以下赔款或首年投保</td></tr>
<tr><td>C4e</td><td>1.1</td><td>上年发生三次赔款</td></tr>
<tr><td>C4f</td><td>1.2</td><td>上年发生四次赔款</td></tr>
<tr><td>C4g</td><td>1.3</td><td>上年发生五次及以上赔款</td></tr>
<tr><td rowspan="5">经验/预期赔付率C5</td><td>C5a</td><td>0.7</td><td>30%以下</td><td rowspan="5">所有机关、企业车辆（不能与车队管理系数同时使用）</td></tr>
<tr><td>C5b</td><td>0.7～0.8</td><td>30%～50%</td></tr>
<tr><td>C5c</td><td>0.8～1.0</td><td>50%～65%</td></tr>
<tr><td>C5d</td><td>1.0～1.4</td><td>65%～90%</td></tr>
<tr><td>C5e</td><td>1.4～2.0</td><td>90%以上</td></tr>
<tr><td>车队管理C6</td><td>C6a</td><td>0.7～1.3</td><td>根据车队管理水平和业务类型确定</td><td>所有机关、企业车辆（不能与经验/预期赔付率系数同时使用）</td></tr>
<tr><td rowspan="2">绝对免赔额C7</td><td>C7a</td><td></td><td rowspan="2">详见免赔额系数表</td><td rowspan="2">所有机关、企业车辆</td></tr>
<tr><td>…</td><td></td></tr>
<tr><td>车辆损失险车型C8</td><td>C8</td><td>1.3～2.0</td><td>老、旧、新、特车型</td><td>所有企业、机关车辆</td></tr>
<tr><td rowspan="3">平均年行驶里程（公里）C9</td><td>C9a</td><td>0.9</td><td>[0，30000）</td><td rowspan="3">所有企业、机关车辆</td></tr>
<tr><td>C9b</td><td>1</td><td>[30000，50000）</td></tr>
<tr><td>C9c</td><td>1.1～1.3</td><td>≥50000</td></tr>
<tr><td>多险别投保优惠C10</td><td>C10a</td><td>0.95～1</td><td>同时投保车辆损失险及商业第三者责任险的，所有险别最高优惠5%</td><td>所有企业、机关车辆</td></tr>
<tr><td rowspan="2">交通违法记录C11</td><td>C11a</td><td>0.9</td><td>上一保险年度无交通违法记录</td><td rowspan="2">所有企业、机关车辆</td></tr>
<tr><td>C11b</td><td>1</td><td>上一保险年度有交通违法记录</td></tr>
</table>

表5-7　　C款车险费率调整系数

系数名称		系数值					说明
无赔款折扣	档次	上年发生5次及5次以上赔款	上年发生4次赔款	上年发生3次赔款	新保或上年发生3次以下赔款	上年无赔款	无
	系数	1.30	1.20	1.10	1.00	0.90	
	档次	连续2年无赔款	连续3年及3年以上无赔款	—	—	—	
	系数	0.80	0.70	—	—	—	
交通违法	档次	上年有交通违法	上年无交通违法	—	—	—	
	系数	1.00	0.90	—	—	—	
平均年行驶里程（公里）	档次	<30000公里	[30000公里，50000公里）	≥50000公里	—	—	
	系数	0.90	1.00	1.10～1.30	—	—	
客户忠诚度	档次	首年投保	续保	—	—	—	
	系数	1.00	0.90	—	—	—	
多险种投保优惠	档次	同时投保车损、三责	—	—	—	—	
	系数	0.95～1.00	—	—	—	—	
指定驾驶人	档次	不指定	指定驾驶人	—	—	—	仅适用于家庭自用汽车
	系数	1.00	0.90	—	—	—	
驾驶人性别	档次	男	女	—	—	—	
	系数	1.00	0.95	—	—	—	
驾驶人年龄	档次	年龄<25岁	25岁≤年龄<30岁	30岁≤年龄<40岁	40岁≤年龄<60岁	年龄≥60岁	
	系数	1.05	1.00	0.95	1.00	1.05	
驾驶人驾龄	档次	驾龄<1年	1年≤驾龄<3年	驾龄≥3年	—	—	
	系数	1.05	1.02	1.00	—	—	

续表

<table>
<tr><td colspan="2">系数名称</td><td colspan="4">系数值</td><td>说明</td></tr>
<tr><td rowspan="2">承保数量</td><td>档次</td><td>承保车辆数<5台</td><td>5台≤承保车辆数<20台</td><td>20台≤承保车辆数<50台</td><td>承保车辆数≥50台</td><td rowspan="2">不适用于家庭自用汽车</td></tr>
<tr><td>系数</td><td>1.00</td><td>0.95</td><td>0.90</td><td>0.80</td></tr>
<tr><td rowspan="2">行驶区域</td><td>档次</td><td>境内</td><td>省内</td><td>固定路线</td><td>场内</td><td rowspan="2">固定路线和场内不适用于家庭自用汽车</td></tr>
<tr><td>系数</td><td>1.00</td><td>0.95</td><td>0.92</td><td>0.80</td></tr>
<tr><td colspan="3">老、旧、新、特车型系数</td><td colspan="3">1.30～2.00</td><td>仅适用于车损险</td></tr>
<tr><td colspan="3">车队赔付率调整系数</td><td colspan="3">≥0.70</td><td rowspan="2">仅适用于车队</td></tr>
<tr><td colspan="3">车队管理水平调整系数</td><td colspan="3">≥0.70</td></tr>
</table>

注：摩托车、拖拉机不适用以上系数。

交强险费率浮动的条件是看是否发生过有责任的道路交通事故，商业险则是看有没有发生赔款，而不论是否有责任，这是商业险和交强险关于费率浮动的最大区别。

商业车险费率调整系数采用系数连乘的方式，即费率调整系数＝系数1×系数2×系数3×…×系数n，商业车险有很多折扣，如在同一公司续保，打九折；平均年行驶里程小于30000公里，打九折；上一保险年度无交通违法记录，打九折；指定驾驶人，打九折；多险种同时投保，打九五折；女性，打九五折。但是，如果没有在约定行驶区域，则不打折，系数是1.0。驾龄小于3年，且大于1年，系数是1.02；年龄小于25岁，系数是1.05。假设一位商业车险的投保人满足上述所有条件，其他各项系数都是1.0，费率调整系数就是各系数乘到一块，即0.8×0.95×0.9×0.9×0.9×1.0×0.9×0.95×1.02×1.05＝0.51，保险费省了将近一半。在实际操作过程中真的能获得这么大的优惠吗？答案是不能，因为按照保险行业协会规定的系数使用规则，“使用费率调整系数后，各险别的费率优惠幅度超过监管部门规定的最大优惠幅度，按照监管部门规定的最大优惠幅度执行”，而目前监管部门规定商业车险的最大优惠幅度是7折，因此，投保人最多只能享受7折的优惠。有了限折令，奖优的功能就下降了，限折令的目的或许在于防止保险公司以费率浮动的名义竞相降价恶性竞争，但不可否认它和费率浮动表是有冲突的，而政策之间的冲突损害的恰恰是消费者的利益，这就违背了保险监管的根本目标。

5.7 如何选择保险公司

如何在选择同款车险的不同保险公司中选择最佳的保险公司总是让消费者伤透脑筋，下面就简单介绍如何在提供同款车险的保险公司中选择一家最适合投保人的公司。假设两家保险公司的车险产品都属于A款车险，则它们之间的差别主要体现在附加险和服务上。各家保险公司为了在激烈的市场竞争中立于不败之地，都努力开发A、B、C三款保险之外的附加险和特约条款，并在服务上搞出特色，力求有别于其他保险公司的产品，并能具备比较优势，吸引更多的消费者。

表5-8列出了人保、太平洋、平安三家保险公司的车险产品，包括主险、附加险和特约条款。

不同的保险公司，各有自己的优势和劣势，买哪家保险公司的产品，是因人而异、因车而异的，不能一概而论。自从行业协会的A、B、C条款被各家保险公司采用之后，车险产品从保险种类、保

表5-8　　人保、太平洋、平安保险公司车险产品比较

人保	太平洋	平安
自燃损失险条款	自燃损失险条款	自燃损失险条款
新增加设备损失保险条款	新增设备损失险条款	新增加设备损失险条款
发动机特别损失险条款	涉水损失险条款	涉水行驶损失险条款
代步机动车服务特约条款	修理期间费用补偿特约条款	代步车费用险条款
随车行李物品损失保险条款	随车携带物品责任险条款	随车行李物品损失险条款
新车特约条款A	更换新车特约条款	车辆重置特约险条款A
新车特约条款B		车辆重置特约险条款B
车上货物责任险条款	车上货物责任险条款	车上货物责任险条款
附加交通事故精神损害赔偿责任保险条款	精神损害抚慰金责任险条款	交通事故精神损害赔偿险条款
附加油污污染责任保险条款	道路污染责任险条款	附加油污污染责任险条款
异地出险住宿费特约条款	事故附随费用特约条款	保险事故附随费用损失险条款
起重、装卸、挖掘车辆损失扩展条款	特种车车辆损失扩展险条款	特种车特约条款
特种车辆固定设备、仪器损坏扩展条款	特种车固定机具、设备损失险条款	
多次出险增加免赔率特约条款	多次事故免赔率特约条款	多次事故免赔特约条款
指定专修厂特约条款	指定专修厂特约条款	指定专修厂特约条款
法律费用特约条款	法律服务特约条款	
	车轮单独损坏险条款	车轮单独损坏险条款
	使用安全带特约条款	系安全带补偿特约险条款
	附加险不计免赔特约条款	附加险不计免赔率特约条款
附加机动车出境保险条款		
	免税车辆关税责任险条款	
	节假日行驶区域扩展特约条款	
		全车盗抢附加高尔夫球具盗窃险条款
附加换件特约条款	换件特约条款	换件特约险条款
更换轮胎服务特约条款	救援费用特约条款	
送油、充电服务特约条款		
拖车服务特约条款		
机动车停驶损失险条款		车辆停驶损失险条款
教练车特约条款		
火灾、爆炸、自燃损失险条款		
约定区域通行费用特约条款		
租车人人车失踪险条款		
	零部件、附属设备被盗窃险条款	
		车载货物掉落责任险条款

障范围到基本费率，差别已经不大了；但保险公司的服务内容和服务能力还是有不小的差别。比如说，如果投保车辆经常去外地，最好买全国性大公司的车险产品，因为这些公司到处都有分支机构，可以提供更及时的救援和理赔服务。买小公司的车险产品也有它的好处，小公司没有办法在硬件上与大公司抗衡，便在软件上想方设法扩大优势，比如小公司为了吸引消费者，往往提供更多的优惠条件。

投保人尽量选择信誉好、经营规范、历史悠久的保险公司。和寿险公司不一样，财产保险公司破产的可能性更大些。这是因为财产保险都是短险，一般是一年左右，不像人身保险一保几十年；且产险公司破产的影响面不像寿险公司那么大，财产保险保障的是投保人的财产，寿险保障的是生命和健康，保额通常比较高，涉及千千万万个家庭的生活。我国的《保险法》规定，寿险公司除了分立、合并外，是不能解散的，破产必须要经过严格的法定程序，由其他的寿险公司来接盘，如果没有寿险公司能接得了或者没有保险公司愿意接，就要成立一个新的寿险公司的联合体来接，实在不行，还有政府财政兜底。比如美国的AIG保险公司，即中国销售人寿保险的友邦保险公司和销售财产保险的美亚保险公司，当AIG在华尔街金融风暴中发生财务危机的时候，美国政府就通过购买其股权，使之国有化，从而化解了危机。财产保险则不一样，除了由各家保险公司凑份子组成的保险保障基金之外，偿付能力的问题一旦无法解决，破产就是很自然的事情。尤其是在保险法第二次修订后，保险公司的退出机制逐渐形成，未来肯定会有一些财产保险公司面临破产。一家财产保险公司破产之前，通常会在较长时间里出现偿付能力问题，至少一两年，保险监管部门会通过各种渠道向社会公布保险公司偿付能力信息，只要投保人多关注这方面的信息，就不会受到保险公司破产的影响。面临破产的保险公司类似于股票市场上的ST股，但是和股票市场不一样，ST股票公司如果有兼并重组、资产注入，可能会立马翻身，给股票持有者带来超额收益，可是保险公司即使兼并重组成功了，投保人也不过是保住了自己原来的利益，不能获得任何超额收益，因此买这样的保险公司的产品，就毫无意义了。

有些人或许会问，买同一家公司不同分公司的保险是否有区别？假设投保人的车是上海牌照的车，但是在朋友的劝说下买了某保险公司苏州分公司的车险，这种做法按保险公司管理规定叫“异地展业”，是不被允许的。现在一些保险分支机构有时为了抢业务，也到外地去销售车险，这样做其实是违规的；但如果投保人自己到外地去购买车险，就不算保险公司违规。一般来说，不论是在车辆牌照所在地买车险还是在外地买车险，这两种情况投保人都能够得到赔偿。但是如果买异地保险公司的车险产品，第一年没出事，第二年又在本地买车险，可能就没有无赔款优待了。如果是交强险，买异地车险后验车也会有麻烦，因为有些地方不提供异地验车。且无论是交强险，还是商业险，异地理赔都会比较麻烦。另外，如果保险公司的救援服务体系是全国性的甚至是全球救援，就没有问题；但是在当地买保险才可能享受到的一些增值性的救助服务，比如送油、现场抢修等，投保人就享受不到了。

投保人特别要注意的是，避开选择保险公司过程中的陷阱，一定要看保险公司的信誉状况。有些保险公司的运营比较规范，也能够做到诚实守信，当赔则赔，决不拖沓抵赖，服务也非常好，值得投保人信赖。消费者可以通过各种渠道知道保险公司的信誉状况，如亲戚朋友、同学同事与保险公司接触的真实感觉，广播、电视、报纸、网络等新闻媒体透露的一些零碎信息，以及保监会网站上披露的保险公司信息。消费者通过耐心比较，就能够选择到比较好的

保险公司。保险公司推出的一些特色服务非常贴心，比如中国人保提供的车险管家服务，就能给投保人带来很大的便利。车险管家服务的大致意思是，如果投保人的时间非常紧张，没有时间投保，没时间修车，更没时间办理保险理赔，只需要打个电话，保险公司就派人上门把车接走，并按照投保人的指令到投保人指定的修理点办理修车和相关的保险手续，修完再把车辆送回到投保人指定的地点。投保人或许会担心保险公司派出的员工会不会把自己的车子开跑？会不会最终没把车修好？会不会把投保车辆弄坏？会不会把车开去后偷偷地再撞一下，然后修好，但是只把从保险公司拿的赔款的一部分交给投保人？为了避免这四种情况，保险公司还设计了一套车主监控体系——保险公司的工作人员在取车的时候，会和车主签一个车辆托管的协议，以合同的形式保障车主的权利，在托管过程当中车主可以通过互联网监控车辆的情况。投保人只要在保险公司的网站上输入车牌号、发动机号就可以查到这辆车相关的索赔过程，照片什么样，赔偿金额多少，全部一目了然，投保人可以对自己的车进行实时监控。一旦保险公司的工作人员真的将车开跑了，保险公司会按价赔偿；若没修好，保险公司会免费重修，保险公司还会提供投保人指定的修理厂的相关票据；车一旦被弄坏了，保险公司会负责赔偿，且这些服务都是免费的。

5.8 如何选择投保渠道

对于车险来说，相较挑选好的保险公司而言，挑选好的投保渠道更为重要，因为车险产品和价格的区分度不大，所以不同保险公司的车险产品差异也不大，但是买车险的渠道和服务的提供有着直

接关系，而服务好坏只有在发生保险事故之后才体现出来，从这个角度看选择投保渠道就如同一场赌博。投保人选择了好的投保渠道能让自己更加放心，相反，一旦投保渠道选择不慎，当时可能没有感觉，一旦出了问题，无法获得应有的保障，就追悔莫及了。

5.8.1 通过4S店投保

通过4S店投保的最大特点是简单方便。4S店一般会选择一两家保险公司，作为这些保险公司的兼业代理。投保人在4S店买车险非常简单，一般都不用和保险公司的工作人员照面，4S店的服务专员就能把整个投保事宜处理好，投保人只需要签个字、交上保险费就可以了。投保车险后一旦出了保险事故，投保人可直接把车开到4S店修理，4S店提供修车理赔一条龙服务，车主修车时不用自己垫付维修费用，4S店直接跟保险公司结算。

建议投保人最好从与4S店有合作关系的保险公司买保险，因为多数情况下，保险公司定损的额度和4S店、修车店价格不一样，而且有时候差距还会比较大。比如，保险公司给车主厘定的损失是8000元，而4S店规定没有达到10000元是不能维修的，此时就会有麻烦或者纠纷。保险公司厘定损失通常是按照当地修车店的一般标准，而不同的修车店之间是存在价格差异的，特别是以质量和服务取胜的4S店，修车的价格一般会高于路边店。车主在与自己投保的保险公司有合作关系的4S店修车，就不会受到保险公司厘定的损失额度和4S店的修车报价不一致的困扰了。当然，这里所说的投保方式不一定非要通过4S店来购买车险，比如有一家4S店和平安保险公司有合作关系，投保人通过电话购买折扣更高的车险，再到4S店修车，这样和在4S店买车险是一样的。

如果是新车，或者是在保修期内的车，投保人为图省事，在4S店投保是很好的选择，但如果已经超出了保修期，则可以考虑选择其他渠道，比如电话车险或者到一些保险服务比较到位的汽车美容中心或者修理厂修车。因为不论是修车，还是保险，4S店的价格一般都要高些，而电话车险的优势是更便宜，汽车保修期内修车可以不考虑价格，但过了保修期，选择在什么地方修车，除了质量外，价格也是一个不可忽略的重要因素。

5.8.2 网上投保

网上购买车险，是近年来随着互联网发展而创立的一种新型投保方式，这种方式对熟悉网络应用的年轻人特别有吸引力。现在的车险都被A、B、C条款给标准化了，网上投保便于比较和选择不同的车险产品，也是一种很好的选择。

消费者总是倾向于选择更加便宜的车险产品，但是绝不能盲目相信网上的优惠信息，以免上当受骗。车险便宜与否要看出单的公司是否有保监会审批通过的特价费率，比如平安的网上车险和电话车险一样，用的是保监会审批通过的电话及网络营销专用费率，费率比其他传统渠道低15%左右。网上投保可以去保险公司的网站，也可以去一些汽车或保险门户网站，在这些车险交易平台上比较和选择不同的车险产品都比较方便，更重要的是，这些网站更加可靠。

网上投保的一个好处是对保险买卖双方而言都能节省成本，投保人只需要打开电脑，敲敲键盘就能轻松地购买一份保险合同，节省了很多时间，也省去了到保险公司跑一趟的来去路费，而且网上投保不需要纸质合同，节省了纸张，为当下尤其倡导的节能环保、社会可持续发展做出了贡献。当然，保单送达和理赔服务都是在线下进行的。

尽管网上投保更加方便也更加实惠，大部分消费者仍然选择其他传统方式投保，一是担心一旦出险之后找不到人、得不到理赔，二是担心买了假的保险。其他投保渠道虽然也有很多问题，但是责任往往能落实到人，让投保人心里更加踏实，网上投保没有对应的销售人员，容易造成责任推诿，且网络上的虚假信息依然较多，对不熟悉网络的消费者容易造成困扰。这些都是现阶段网上投保存在的问题，相信随着网络时代的发展，网上车险平台的不断完善，网上投保必然成为未来购买车险的新趋势。

5.8.3 其他投保渠道

除了上述两种渠道，投保人还可以选择通过电话购买车险，到车险门店购买车险，或者通过保险代理人购买车险。

电话销售保险的方式已经被保险公司使用了很长时间，但是消费者需要注意，不是所有的保险公司都有资格通过电话销售车险，目前保监会只批准了中国平安、中国人保和太平洋等部分保险公司开展电话车险业务。自电话销售渠道开通以来，大幅提高了保险销售额，保险公司在电话销售上的竞争也愈演愈烈，我们日常生活中，经常会接到保险销售人员推销保险的电话，他们的热情往往让人难以拒绝。但是随着电话销售的进一步发展，很多问题也随之暴露出来，电话销售人员的过度热忱，多少妨碍了人们的正常生活；保险公司为了拓展“电销”业务，到处搜罗消费者的信息，消费者的电话号码甚至已成为一种商品，被一些利欲熏心的商家卖给保险公司，个人信息泄露的问题越来越严重，这都导致人们对电话销售渠道的反感。

投保人还可以到车险门店购买车险。有一些保险公司已经在部分城市试点车险门店，门店是保险公司的销售终端，类似于银行的

网点，设在小区内，那里环境优美、信息丰富、服务周到，顾客可以在休息区边喝咖啡边享受着保险专员提供的投保、理赔、投诉、保全、财务等一站式便捷服务。这种方式尤其适宜退休在家的老年人，有充足的时间了解保险产品，又不用出远门，在家门口就能买保单，可以说一举两得。

还有一种渠道就是通过个人保险代理人买车险，这种方式已经存在很长一段时间，但也存在很多问题，关键看保险代理人的素质如何，如果保险代理人口碑好、讲信用、知识丰富、服务周到，那么通过代理人买车险不失为一个不错的选择。以前，保险代理人的专业知识非常薄弱，对保险多半处于一知半解的状态，无法对投保人提出的问题作出很好的解答，一些代理人还存在信誉问题，出了问题想方设法推脱责任，给投保人带来很多麻烦，这些问题归根结底在于保险公司疏于对代理人的管理。随着保险监管的不断完善，对保险代理人的监管越来越严格，保险中介市场的乱象已经有所好转，现在全国很多高校都开辟了保险专业，今后将有一大批保险方面的精英人才进入保险市场，为保险领域注入新的活力。保险代理人渠道是最传统的投保渠道，能够在保险市场上存在这么久的时间必有其独特的优势，今后随着保险代理人专业知识的不断加强，保险中介市场将日趋完善，这种投保渠道还会走得更远。

5.9 对投保人的一些建议

5.9.1 车险重复保险没有意义

新修订的《保险法》对重复保险的定义是，“重复保险是指投保人对同一保险标的、同一保险利益、同一保险事故分别与两个以上保险人订立保险合同，且保险金额总和超过保险价值的保险。重复保险的各保险人赔偿金额的总和不得超过保险价值。除合同另有约定外，各保险人按照其保险金额与保险金额总和的比例承担赔偿责任。”“其他保险人应承担的赔偿金额，保险人不负责其他保险人应承担的赔偿金额，保险人不负责赔偿和垫付。”“重复保险的投保人应当将重复保险的有关情况通知各保险人。”关于重复保险的这些规定，其目的实际上是落实财产保险中的补偿原则，也就是不让投保人得到超过其损失的赔偿，以免诱发道德风险。所谓道德风险，是指一些人会为了获取保险金制造保险事故，从而对社会财产和人民的生命安全构成极大威胁，这就完全违背了保险社会互助的初衷了。新修订的《保险法》还规定，“重复保险的投保人可以就保险金额总和超过保险价值的部分，请求各保险人按比例返还保险费。”

车险条款规定，保险人支付赔款后，对被保险人追加的索赔请求，保险人不承担赔偿责任。也就是说，当保险公司定损后，只要赔款还没有支付，如果被保险人

发现新的问题，还可以找保险公司追加索赔，但一旦赔款支付了，一般就不能再追加赔偿了。新修订的《保险法》同时还规定，保险人收到被保险人或者受益人的赔偿或者给付保险金的请求后，应当及时做出核定；情形复杂的，应当在30日内做出核定，但合同另有约定的除外。保险人应当将核定结果书面通知被保险人或者受益人。属于保险责任的，保险人在与被保险人或者受益人达成有关赔偿或者给付保险金额的协议后10日内，履行赔偿或者给付保险金义务；保险合同对保险金额及赔偿或者给付期限有约定的，保险人应当依照保险合同的约定，履行赔偿或者给付保险金义务。

5.9.2 不要轻易和保险公司打官司

无论对投保人还是保险公司来说，打官司都是万不得已的选择。声誉对保险公司来说就是脸面，无论输赢，诉讼案件对保险公司的声誉多少有一定的影响，因此与投保人协商解决纠纷是保险公司的首选，保险公司总是希望通过调解来解决纠纷，而不是与客户对簿公堂。诉讼对投保人而言，无论从时间、经济，还是社会关系来看成本都比保险公司要高得多，因为保险公司通常是大型企业，且在保险方面更加专业，有专门的法律部门和专业的律师。因此，如果投保人觉得保险公司有问题，最好先从保险公司提供的公司内部投诉渠道开始，当问题得不到圆满解决时，还可以向当地的保险监管部门投诉，如果还是没有满意的结果，还可以选择保险仲裁，最后，才是法庭诉讼。《保险法》规定，因履行本保险合同发生的争议，由当事人协商解决；协商不成的，提交保险单载明的仲裁机构仲裁；保险单未载明仲裁机构或者争议发生后未达成仲裁协议的，可向人民法院起诉。车险条款规定，引起与保险赔偿有关的仲裁或者诉讼时，被保险人应当及时书面通知保险人，这是为了给保险公司一个考虑的时间，也许保险公司觉得这个案件还是跟客户协商一下，选择通融赔付，问题就可以比较圆满地解决了。尽管依照《保险法》规定，应尽量保护被保险人和受益人的权益，但实际上，保险纠纷诉诸法庭后，客户并不占有优势。所以，当投保人考虑要与保险公司打官司时，一定要三思而后行。

5.9.3 生命安全重于泰山

有的投保人以为有了车险就高枕无忧了，于是在驾驶时变得更加疏忽大意，这么看来，汽车保险似乎反而导致了更多的交通事故。投保人必须铭记一点，汽车保险只能用于善后，不能预防风险的发生，而且汽车保险保障的仅仅是经济上的损失，而人的生命与健康是断然不可能通过汽车保险获得弥补的。此外，还有时间上、精神上的损失，都是汽车保险无法保障的。且汽车保险仅仅能够补偿车主的损失，即保险公司的赔款至多恰好等于车主的经济损失，绝不会高于车主的损失，给车主带来额外的收益。因此，出现交通事故最终遭受损失的一定是事故当事人双方。对于驾驶员来说，技术好、开车安全是最重要的，至于车险，不过是预先设定的一个经济上的补救措施罢了。

参考文献

1.［英］ 英国DK出版社：《DK世界汽车史》，北京科学技术出版社2012年版。

2. 陈家瑞：《汽车构造》，机械工业出版社2009年版。

3. 辞海编译委员会：《辞海》，上海辞书出版社2010年版。

4. 法律出版社法规中心：《机动车交通事故责任强制保险条例》，法律出版社2008年版。

5. 国务院发展研究中心产业经济研究部、中国汽车工程学会、大众汽车集团（中国）：《汽车蓝皮书:中国汽车产业发展报告（2012）》，社会科学文献出版社2012年版。

6. 国务院法制办公室：《中华人民共和国道路交通安全法》，中国法制出版社2011年版。

7. 刘永臣、孙丽：《汽车评估与鉴定百问百答》，中国电力出版社2006年版。

8. 罗向明：《车辆保险知识与案例》，中山大学出版社2005年版。

9. 秦泽：《机动车交通事故快速处理办法（试行）》，公安大学出版社2007年版。

10. 王国军：《保险经济学》，北京大学出版社2006年版。

11. 王国军：《你为爱车保险了吗？》，北京大学出版社2010年版。

12. 王国军：《你为人生保险了吗？》，北京大学出版社2010年版。

13. 王国军、庹国柱：《你为幸福保险了吗？》，外文出版社1999年版。

14. 王国军：《你为员工保险了吗？》，北京大学出版社2010年版。

15. 王国军：《社会保障：从二元到三维:中国城乡社会保障制度的比较与统筹》，对外经济贸易大学出版社2005年版。

16. 王国军：《中国社会保障制度一体化研究》，科学出版社2011年版。

17. 王永盛：《汽车评估》，机械工业出版社2005年版。

18. 魏华林、林宝清：《保险学》，高等教育出版社1999年版。

19. 赵长利：《汽车保险与理赔》，国防工业出版社2007年版。

20. 中国保险行业协会制定：《机动车商业保险行业基本条款（A、B、C款）》，2007年版。

21. 庄丽萌、陈列浩：《贴身消防安全必读》，中国建筑工业出版社2007年版。

22. 最高人民法院：《关于审理人身损害赔偿案件适用法律若干问题的解释》，中国法制出版社2005年版。

23. 中华人民共和国中央人民政府网站：http://www.gov.cn/jrzg/2012-06/04/content_2152827.htm.

24. http://china.findlaw.cn/lawyers/article/d85822.html.

25. http://china.findlaw.cn/lawyers/article/d85822.html.